みんな「おひとりさま」

上野千鶴子

青灯社

みんな「おひとりさま」

ブックデザイン　鈴木成一デザイン室

目次

I
「私」を語る

1　「女の成熟」って

人生は偶然の連続だけれど

「どこで差がつく？　女の成熟期」ですか。その差をはかるものが第三者評価か、自己評価なのかで、決定的に違ってくると思います。第三者評価とは、セレブ婚にしろ、お受験にしろ、ブランドものにしろ、他人に「いいなぁ」と言ってもらえるかどうか。一元的で非常にわかりやすいですね。でも、第三者評価で自分を見ている限り、いつも他人の顔色をうかがう人生が待っていることになります。

私が教えている東京大学には、健気に親の顔色を見て、その期待に応えようと自分を殺してきた学生が集まってくる。彼や彼女たちにはいつも、「よく頑張ったね、と頭を撫でてくれる人たちは、あなたより先に死んでいく。人生の勝負は短期決戦じゃない、長期決戦だよ」と言い聞かせています。親や先生、職場の上司、みんな自分より先に死ぬ。自分の人生が終わるとき「お父さん、お母さん、私はこんなに頑張った。褒めてちょうだい」って言いながら死にたい？（笑）そんな人生、あまりにもかわいそうだし、惨めだと思いませんか。

生い立ちですべて決まるには、人生は長すぎる。「今の自分」というものは、さまざまな人との関わり、偶然や必然、自分で選んだことも、選ばないことも含めて生じてきたものです。私だって、自覚的に人生を選んできたわけじゃありません。そうなれば、どこで「差」がつくかなんて、現状をどうとらえるか、自己評価が高いか低いかだけ、ということになります。

私の父は人間的に未熟でワンマンな、典型的な日本の父親でした。2人の息子には厳しく、娘にはメロメロ、という性差別のある躾を目の前でやってくれて、一人娘の私をペットのように溺愛する。まったく尊敬できない父でした。父が超自我にならずにすんだおかげで、第三者評価に振り回されずにすみましたけどね。

何かがおかしいと、3歳の頃から気づいていましたよ。それでも世間知らずの深窓のガキだったから、北陸の地方都市で、親の言う通りお稽古事に行き、言う通りお受験もしました。ときどき学生の親が「うちの子は自分の意志で中学受験しました」なんて言うのを聞くと、むかつきます。それしか選択肢がないように誘導したのはあんただろう、と。子どもは、どうすれば親が喜ぶかをよくわかっているからこそ、「ボク、お受験したい」なんて言うんです。

私の父からの決定的な離反は、13歳の頃でした。それまで「パパ」と呼んでいた父親を「オヤジ」と呼んだ。父親は顔色を変え、けれど叱責もできず、娘を腫れ物のように扱い始めました。娘に甘い弱みで感情的な勢力関係は向こうが弱いのに、社会的、経済的には圧倒的に私が弱者だから、非常にバランスの悪い関係ですよね。親に反抗したいためだけに、親が禁止したことを、ひととおり全部やりました。

親に認めてもらえる何者かになれないくらいなら、いっそ、「否定される何者かになりたい」という気持ちは、牧師や教師の娘が売春に走る、というケースにもあります。自傷系の少女たちの気持ちは、よくわかる。どんなにつまらないことをやっているか承知で、なぜそれが面白いかといえば、「禁止を侵すことが蜜の味だから」、それだけのことです。一歩間違えば、食事を出されても「こんなもの食えるか！」と親を足蹴にする引き籠もりになったかもしれません。私の場合はアクティング・アウト、つまり非行に走りました。怒りの感情からくる攻撃性は、自分に向かうより外に向かうほうが健全。今から思えばかわいいものだけど、学校帰りの買い食いに始まって、もっと悪いこともいろいろやりましたよ。いったん反対側に振り切れる経験を通過したことが、よかったのかもしれません。

屍の私に火をつけた女性学

この家にいれば自分がダメになる、と家を出て京都大学に入りました。父は寮のある神戸女学院に行ってほしかったらしく、それを言葉にできなくて、見えるところに入学案内を置いたりしていましたね。家を出るには兄との同居が条件でしたが、入学して3ヵ月後には「勉強に集中できない」と下宿暮らしを始めた。親って騙しやすいよね（笑）。それから、自由です。

社会学を選択したのは、消去法。医者だった父は、息子たちには自分と同じ実学しか許さなかったけれど、娘の私は倣岸不遜にも「一生食いっぱぐれがないなんて、なんてつまらない人生だろう」と思っていました。忍耐強くないから語学は嫌い、古文書を読む歴史学もイヤ、文学なんて大学でする気はない、となると残ったのは、社会学。何よりも好奇心をそそる、しかも当時はまだ新興の、ゴミ箱みたいに雑多な学問でした。

そして、すぐに学園闘争が始まった。その模様がニュースで流れるたび親は顔色を変えていたようですが、全共闘運動のなかでも女性差別は日常でした。そのなかで最終的に私が学んだことは、「一人になること」でした。１９６９年の闘争解体後、大きな挫折感と絶望から、私は丸1年学校に行かず、男と殺し合いすれすれの恋愛をしていました。セックスと麻雀で、暇は潰れた。でも、まったく先が見えなかった。実家には帰りたくない、働きたくないという不純な動機だけで、大学院に進みました。最低だよね（笑）。

大学院でも、まだ死んでいました。何にも興味が持てず、やりたいことも、向上心も向学心もない。25歳の私は、ある日地方新聞の求人欄を見ていた。求人欄の5分の4は男子募集で、残りの5分の1が女子の欄、職種はホステスか事務員。当時は25歳じゃ薹《とう》が立ってホステスにはなれないし、といって簿記も珠算もできない。つくづく自分が無芸無能な人間で、大卒女子がいかに世間からお呼びでないかがわかりましたね。

女性学と出会ったのは、大学院を修了する頃です。全共闘運動の瓦礫の中から生まれたウーマンリブ運動には、猜疑心を持っていました。内ゲバと72年の連合赤軍事件を経験した後に、リブはコレクティブ（生活共同体）を作った。あの期に及んでなお共同体を信頼する気持ちに、私はどうしても共感できなかった。だから、70年代後半になって女性学の集まりに誘われたときも、じつは気が進まなかったんです。

でもね、行ってみると、自分を学問の対象にしていいのかという目からウロコの驚きがあり、そのうえそこに集まる女たちがとても魅力的だったの。暴君の父に仕えてきた母を嫌悪し、幼い頃からそれをカウンターモデル（反面教師）に育ってきたので、私はずっと自分の女性性と折り合いが悪かった。でもその年齢になって、ようやく自分の女性性と折り合いをつけられた頃に、他の女たちと出会うことができたということでしょう。

オーバードクター時代、非常勤では食えないから、塾の講師やシンクタンクの研究員、販売員やウエイトレスのバイトなどしていた頃です。女性学研究会の集まりでも、「失業者の上野です」と自己紹介していました。自分と大して能力差があるように見えない男どもは次々と常勤の職に就くのに、なんで私には職がないのか。教師の覚えがよくなかったことを差し引いても(笑)、それは私が女だからだ、と推論がついた。で、やっと社会性に目覚めたわけです。

チャンスはいつも1回きり

それまでにも論文は書いていたけれど、女性学を始めてからは、義務感からでなく、注文がなくても、自分の中に自発的に書きたいことがあるとわかった。生まれて初めてでした。女性学の論文を書く時には、私の中にふつふつと怒りが湧いてくる。でも、そんな論文は専門誌からは「主観的だ」と却下されてしまうと思った。載せてくれるところがないから、自分たちで『女性学年報』を作りました。周囲の研究者たちの「あんなレベルの低いもの」という声が耳に入ってきて、これが闘争心に火をつけたね(笑)。私、逆風が吹くと、本当に強い。10年経って、ほかの専門学術誌が私たちの雑誌から引用を始めた時は、やったね、と思いました（笑）。

82年には、『セクシィ・ギャルの大研究』と、『主婦論争を読む・全記録』を同時に出しました。いずれも女性学研究会のプロジェクトの成果です。ことに後者は、勉強会をしてデータを集め、図書館で資料を掘り起こした、地味な仕事です。ほとんど趣味として続けていたものが時代とうまくマッチして、本にしてやろうという出版社が出てきたのは、ラッキーでしたね。

もう一つ幸運だったのは、公募採用にじゃんじゃん履歴書を出して、23通目にようやく就職できたのが女子短大だったことです。当時、私の師匠だった社会学者が「キミの初陣が女子短大だということを祝うよ。今までキミが大学で使ってきた言葉は、いっさい通用しないから、そのつもりで」と、素晴らしいはなむけを贈ってくれました。関西の短大生のくそリアリズムって、損得勘定です。これが何の得になるの？　という態度で、教師を値踏みしてる。だから、ウェーバーとかデュルケイムとか社会学者の名前はいっさい使わずに、彼女たちの置かれている現実を社会学的に分析しよう、と決意した。そうすると、食いついてくる。リキが入りましたね。あの短大生との10年間が、私を鍛えてくれたと思います。

その後、2度大学を替わりました。もういいかなと思った頃にちょうどお声がかかって、すぐに飛びついた。好奇心は社会学者の必須条件ですからね。ありがたかったのは、節目節目にメンター（後援者、引き立て役）が現れたことです。当時はメンターになれるポジションに女性はいませんでしたから、みんな男性です。異業種だったり、直接の師弟関係がないのに、私にチャンスをくれた。本当に頭が上がりません。ただし、利害関係がない分、チャンスはいつも1回きり。毎回ハードルを越えていかないと、次のチャンスは絶対に来ない。30代でたくさんのことに挑戦させてもらえました。

ないものを生み出し、種を蒔いて読者を育て、書き手も育ててきたという意味で、女性学のパイオニアだという自覚はあります。メンターのありがたみを身をもって知り、自分がその立場に立ったらきちんと役割を果たそうと思っていましたから、今は書評でも帯でも推薦文でも、ほとんど何でも引き受ける（笑）。「名前に傷がつく」と言う人もいますが、傷がついて困るような名でもなし。私のポジションはある意味で公共財ですから、使えるものは何でも使ってください、と。

私と同じように勉強し、志を抱いてきた人でも、非常勤のままの研究者はたくさんいます。紙一重の差を何が分けたのかというと、偶然しかないと思う。自分の選択や決断以上に、私には選びようのない、偶然です。12年前に東大に来たときも「なんで？」と言われましたが、私にとっては「ここからしかお声がかからなかったから」。本当ですよ（笑）。

みんな最後はおひとりさまに

2007年7月に出した『おひとりさまの老後』は、30代から「老い」の研究を続けてきた副産物として、ポロリと生まれた本です。もともと私は虚弱体質で老成していたし、人はみな老いるのだから、フェミニズムの当然のテーマだと思って取り組んできました。自分がいわゆる「負け犬」であるのは確信犯だけれど、10歳くらい年下の香山リカちゃんが『老後がこわい』という本を書いたのが、火をつけましたね（笑）。あの年代にそう思われちゃ困るな、って。上野が書いてるなら「自分の人生に覚悟と責任を持ちなさい！」という厳しい叱咤激励と思われがちですが、その反対に脱力系です（笑）。困った時の助けを調達できればいい、おひとりさまの老後は怖くないのよ、と。

社会学は、経験科学です。妄想や思い込みではなく、必ず現実に基づいて書いている。この本も、介護保険制定の前夜から7年ほどかけて介護施設などの現場を歩き、おひとりさまの高齢者を取材した成果です。そこでわかったことは、「人は最後には必ずおひとりさまになる」ということ。おひとりさまって、「である」ものじゃなくて「になる」ものなんです。

私は家族の中に生まれてきて、自分の家族を持たないという選択をしました。でも、家族を持つという選択をした人も、伴侶をなくせばおひとりさまになる。いろいろな人の話を聞いて、早いか遅いかは別にして、誰もが「おひとりさまになる」という物語を持っていることを実感しました。超高齢者の淋しさは、記憶をシェアしてきた人を次々と失っていくことです。うんと長生きするとは、こういうことなんだな、としみじみ思いました。

介護保険ができたおかげで、家族ではなく「他人」に老後を預けることができるようになりました。『おひとりさまの老後』の中心読者は50～60代の女性ですが、30代おひとりさまの女性にも手にとってもらいたい。彼女たちは「ずっとひとりで生きていくの？　老後は淋しいわよぉ」という脅迫にさらされ続けているけれど、年長世代から「そのままでＯＫよ」というメッセージを送りたいんです。やがて来る親の介護に対しての不安にも、何もあなたが親の人生に責任をとることはないんだよ、と彼女たちの肩の荷を軽くしてあげたい。

人間って、ずるずる生きるものです。人生は自分の力だけで選べるものじゃないし、選択を超える偶然もある。ただね、自分がどんな人生を送ってきたかを、他人や周囲の環境に責任転嫁しちゃいけない。それって、他人に褒めてもらいたい気持ちの、ちょうど裏返しでしょう。自分の人生を第三者評価に委ね、いいことは人に褒めてもらいたがり、悪いことは人のせいにする。反対に自己評価の基準を持っていれば、安心です。セルフ・サティスファクション（自己満足）がいちばん大事。自己満足ってつまらない言葉だと思われているようだけど、長期にわたって自分自身をごまかすのはいちばんむずかしいと思う。

死ぬ時に「チズコ、よく頑張ったね。ご苦労さん」と他人の言葉を借りて自分に言ってやるか、「ああ、楽しかった、生きてきてよかった」と自分に言うか、評価軸はいくつでもありますよね。男性の転職は、収入や条件をアップさせる上昇移動が多いけれど、女性の転職は比較的、下方移動が多いんです。そして、たとえ収入が下がっても、転職満足度の高い女性が、結構いる。こうしたデータを見ても、骨ぐるみ社会に絡めとられている哀れな男たちと違って、女性は第三者的な評価を抜きにして、多元的に自己評価できる有利さを持っていると思います。性差別のおかげでね。

かつての社会的地位から撤退した人は、いくら過去の栄光にしがみついてもむなしい。老いたら、「いま」がいちばん大切になります。私が取材で見聞きしたなかで学んだのは、病気や半身不随で寝たきりになった人々の評価基準って「今日も一日、生きていてよかった」ということ。この境地、素晴らしいじゃない？　今日の我慢が明日の実りになる、といった功利的な時間じゃない。「いま」が手段ではなく、目的になるんです。「いま」の価値が最高になるなんて、超高齢化社会ウエルカム！　と思いますよ。

もっとも、私が75歳以上の要介護高齢者になった時「あんな本に書いたこと、まったく嘘ばっかりでした」と反省するかもしれませんね（笑）。まあ、そうなったらそうなったで、その時はまた新しい本を書きます。人間は生きているかぎり変化する生きものなんですから。

2 「女遊び」のたのしみ

女性性と折り合えない少女時代、男友だちさえいれば十分だった

私がフェミニズムに目覚めていくプロセスは、女友だちに対するニーズが膨らんでいく過程でもありました。子どものころから自分の女性性と非常に折り合いが悪くて、20代前半までは、男友だちがいればそれで人生は十分だと思ってたの。

一つには、兄と弟に挟まれた女の子だったからですね。遊びも男の子メニューのチャンバラと西部劇、木登りや塀に登るのも大好きだった。男の子カルチャーの中で育ったんです。もう一つには、母親との関係が悪かったために、大人の女になるということは母のような人生を送ることだと思ったら、女性性をうまく受け入れられなかったという理由があります。

両親は夫婦仲が悪くて、母親が息子を味方につけ、父親は娘を溺愛した。母親にとっては私が仮想敵だったという、よくある話です。母親が幸せで満足そうな生活を送っていればまた違ったかもしれませんが、そうじゃなかったからね。

女友だちもいたけれど、どちらかというと〝犬の他にお友だちいない〟系の孤独な少女時代を送りました。姉妹のいる女の人たちって、パンツや歯ブラシを共有するみたいな親しさを持っているでしょ？　私は後になってそういう身体的な親密さを抱ける人たちと出会ってびっくり仰天して、それを学習して身につけたの。でも、私の育ちの中にはなかった文化だし、女子校でもなかったから、女の子同士がヒターッと寄りそったり、腕をからめたりする感じがずっと理解できなくて、馴染めなかった。トイレに一緒に行くのは、異文化だった。女の子のグループから外される子どもは、弱者だったら多分イジメにあう。でも、私はチビでいじけてたのに成績がよかったので先生からも一目置かれて、女の子たちと距離を保っていたんです。

男に女と見られることはこういうことかとショックを受ける経験は、誰でも10代のころにあるでしょ？　日本の文化の中では性別の集団にどんどん分かれていくけれど、私は「お前は普通の女と違うから特別扱いしてやるよ」みたいな名誉男性として扱われてたんです。ところが、今度はそのグループの中から、私を女として性的な眼差しで見る男の子が現れる。

たとえば、昨日まで普通につき合っていた男の子から突然ラブレターが来た。私、笑っちゃったんだけど、最初の手紙には「貴女」と書いてあったの。で、返事出したら2通目が来て、今度は「あなた」になっていて、3通目は「君」だった（笑）。だんだんぞんざいになるので、こりゃいかんと思ってやめました。自分が女だということを思い知らされるさまざまなシーンに出会うたびに、私はそのことをうまく受け入れられなかった。

学生運動で男に絶望、そして女性学と「女遊び」に出会う

金沢の実家を離れたいがために、京大に進学したんです。「家から通える学校」が親の出した条件だったので、大阪の大学に通う兄と同居するというのがギリギリの妥協点。でも、入学3ヵ月後には「お兄ちゃんと一緒では勉強できない」と切り出して、一人になった。それからは、性的にも自由な行動をとれるようになりました。

当時は、自分の内面に立ち入った話ができる相手というのは全部男でした。男は腐るほどいた（笑）。男と距離を詰めるのはめちゃくちゃ簡単なのに、女とはどうやって距離を詰めていいのか、わからなかった。男の相談も男にしましたよ。内面に土足で踏みこむような突っ込んだ関係が、異性とはつくれたから、そっちのほうが人間関係としてははるかに深くて面白いわけです。それで人間関係は十二分に満たされていたの。ところが、男どもは結婚

していくのよ（笑）。

私は、結婚した男のところにもためらわずに電話をかけるんだけれど、妻が出ると「いつもお世話になっています」。なんかヘンだけど、今までのように友だちを映画に誘うの。だって、一緒に映画に行ってた男が、結婚したからって行けないのはおかしいじゃない？常識ないって？　うん、あんまりないと思う（笑）。で、必然的に男が結婚すると私との関係が変わることがわかってきたんですね。

それに、男とセックスを含めたかなり立ち入った関係になると、実存をかけた自我の殺し合いが始まるじゃない？　そうすると単なる人間関係ではなくて、ジェンダー（社会的性差）の関係だから、自分が知らないうちに歴史の中で女として背負ってきたものと、相手が知らないうちに男として背負ってきたものとが向かい合っている――私が最も疎遠な女とさえ共有できる問題が、最も親密な男であるこの男にはわからないんだ――という経験を、何度もすることになる。

でも、私が男に失望した大きな契機は、学生運動でした。2001年、アメリカで9・11のテロが起きたとき、私たちの世代はどこかで胸うずく思いがしてると思うの。60年代の終わりから70年代にかけて、社会正義を求めた闘いだった学生運動はどんどんゲバルト化していき、その中ではジェンダーの差別が目に見えて明らかになっていきました。機動隊に向かって火炎瓶投げたり、石投げたりする時も、彼らは「女は戦力にならない」という言い方をしてはばからなかった。

今でも爆弾抱いて突っ込む女テロリストがいることに胸が痛みます。自己犠牲さえすれば女も戦力になれます。でも、男並みになることを断念すると2級市民扱いされる。何月何日、どこのどの場で、どいつが私に何を言ったか、煮えたぎるような思いで覚えているシーンがいくつもあるよね。そのときに、仲間であった男たちが、仲間ではなくただの雄だってことを、とことん思い知らされた。こいつらの理屈にはまっていったら、もう女はまた裂き状態になるしかない、と。

私はどうしてフェミニストになったかと聞かれると、ルサンチマン（私怨）からだと答えるけれど、それを天にも地にも恥じることはありません。日本においても世界的に見ても、リブの初期の担い手が元新左翼活動家、男の同志に裏切られた女であったというのは理の当然でしょう。

全共闘がそのまま女の問題にシフトしていったのではなくて、その間に、女たちのジェンダーを巡る深い絶望があるわけです。しかもその絶望は闘争が解体した後に深まった。運動の終焉後、男たちはきわめて因襲的な男女関係と家族を作っていきましたからね。あれほどラディカルだった男が、自分の指導教官を仲人に立てて結婚式とかやるわけ（笑）。木当に次々と失望しました。で、それを他の男に愚痴ると、「あいつもいろいろ事情があるから」と、男同士は庇い合うの。許せんよね。ところが、こういう話を他の女にすると「えっ、あなたも？」と絵に描いたようにそれぞれの体験が符合したんです。

学生運動によって男と共有できるものの限界がわかったことで、私はひどく孤独だった。でも、幸いなことに自分のセクシュアリティと何とか折り合っていかなければいけない人生の転機と、女性学の誕生が重なったんです。個人史と世界史が出会ったのね。女性学に出会って、自分自身のことを研究の対象にしてもいいのかって、目から鱗でした。そのときに、日本女性学研究会の女性たちと巡り会ったんです。無茶苦茶信頼できる優しい女の人たちでした。

遅まきながら男文化から女文化に参入して、女には男いらずの世界があるというのを発見したの。男は、自分の視野に入らないこともあって、そういう世界があることを認めたがらないけれど、一緒にケーキを食べに行くとか、お洋服を買いに行くとか、そんなことが新鮮で楽しくってね。私はそれを「女遊び」と呼んで女の世界を味わい、寛がせてもらった。男とはテンションの高い人間関係を持っていたから、安らぎとか求めたことがなかったのに。だから、今でも女の人に出会って救われた、彼女たちのお蔭をこうむっているという気持ちがあります。

とは言ってもフェミニズムは仲よしクラブではないので、運動の中で共同である何かを成し遂げようとすると、葛藤を経験するでしょ。そこではその人の生き方、価値観、姿勢、信頼性とか、みんな試されるから、結構ギリギリの人間関係をつくることになる。そういう経験を乗り越えてきたから、本当に信頼できる女の人たちと切り結んできたという感じがあって、その信頼は時間をおいても、いつでも取り戻せるという気がします。お尻を見せ合った幼なじみのようなものですね。

必要だから自分で手に入れる。友情はセキュリティ・ネット

私は、友情が一生ものだとは思っていません。「一生の友だちは？」という質問に「学生時代の友だち」と答えているようなインタヴューを読むと、アホちゃうって（笑）。私は、友だちなんてそのときに必要があればできると思っているの。そして、何を必要とするかは年齢によって変わります。人生において仕事や男に求めるものが変わるように、友情の内容も変わる。テンションが高い人間関係が欲しいとき、肉体的にも自分の弱さを受け入れてほしいとき、もっと安らかな人間関係を望むときとでは求めるものは違うでしょ？

一生の友だちなんかいなくても、その時どきに自分にとって一番大切な友だちがいたら必要かつ十分で、それは何歳になろうと欲しいときにつくれる。なぜなら、必要は発明の母だ

から。友だちができないと悩んでいる人がいるけど、それはなくてすむ人なんでしょう。男がいないと嘆く人も、その人は、愚痴を言いながらも、とりあえずなしですませてる。つまり、言ってることではなく、やっていることで人間を判断したら、あなたは男なしでもちゃんと過ごしているじゃない、ということ。人間関係ってアプローチしなきゃいけないし、メンテしなきゃいけないし、大事にしなきゃいけないし、時間とエネルギーを割かなきゃならないから、求めなきゃつくれない。私が男をつくってきたのは、私が男なしで生きられないというニーズを自分が知っていて、自分でニーズを満たす力があった。それだけのことです。

いつでも「お帰りなさい」と迎えてくれる人たちが世界中に何人かいる

ある女性が言ってたけれど、女の人生には大切なものが三つあるって。仕事と男もしくは家族、それと女友だちだ、と。至言だと思います。私が女友だちをつくってきたのも、それが私のセキュリティ・ネットだからで、そのための努力はしました。たとえば私は何度か外国で暮らしましたけれど、留学生活はものすごく孤独なものです。アカデミックな世界というのは競争社会なので、オン・キャンパスで仕事仲間はできても、そこで友情を育むことは難しい。つまり仕事仲間というのは潜在的なライバルになるから。外国に行ったとき、メンタルヘルス維持のためには、利害のない関係がものすごく大事になるんです。

それは、草の根運動やっている集会で会った人だったり、空港で長い列を待っている間に出会った人だったり（笑）。必ず利害関係なしに「あなたといると楽しいから、ご飯に呼んであげたくなる」という人間関係を自分から積極的につくってきたのね。ここを離れたら一生会うこともないかもしれないという人を、ご飯に呼んでくれるということは、ほんとに損得抜きの関係。気持ち悪い人は呼んでもらえないじゃない？　私には、いつでも「お帰りなさい」と温かく迎えてくれる人たちが世界中に何人かいます。私の書いた本なんか1行も読まなくて、「チコちゃん、また世の中にゴミ出したね」とか言う人もいるけど（笑）、私にとってすごく大事な友だちなの。

信頼できる友人の条件？　それは、その人の姿勢でしょうね。価値観はあまり関係ない。フェミニストと名乗っている人でも、お友だちになりたくない人、なんぼでもいてはるわ（笑）。逆に友だちにも、私にはとても理解できない生き方してる人、いっぱいいますよ。たとえば、結婚して一本一穴主義で、不満のある夫に貞淑を保っているような、私には信じられない生き方をしている人もいる。けれど、その人は人間的にものすごく信頼できるし、尊敬できる。その人の言うことに私は耳を傾けるし、話をすれば理解し合えるし、一緒に何かをやろうという気になる。そういうものでしょ。その人の人間の格みたいなものだと思います。

だって、私と同じ考えの人なんて世の中にいるはずがない。同じ人がいたら気持ち悪いだけ。みんな、顔が違うぐらい成育歴も違うし、価値観も何もかも違っていて当たり前。だけど許せる。だけどこの人は信頼できる。だけどこの人は私を受け入れてくれる。それが友だちというもんでしょ。

微調整して互いに相性をつくる

私は、男の許容範囲も広いけれど（笑）、女の趣味も広いの。同業者よりも、女性関係の集まりで、自分と職業も地位も年齢も違う女の人たちに出会う。これが財産になっていて友だちはいっぱいいるから、一方のお友だちから他方の人間関係について「なんであなたはあんな人とつき合えるの？」と、よく責められるんです。そんなときは「ええやん、あんたがつきおうてるわけやなし、ほっといて」って、言うねん（笑）。

えっ？　それは私が一人の人にパーフェクトを求めないからだって？　それって、私が誰かに対してパーフェクトであり得るかと自問すれば、おのずと答えは出るじゃない（笑）。私は欠点だらけの人間。わがままで、横着で、ものすごい自己チューです。自分を振り返って、何様やあるまいしと思えば、人さまに何を求めることができるのよ。そもそも、何のために友だちつくるの？　欠点直したり、隠したりしなあかんような友だちは友だちじゃない。どうしようもないけど、しゃあないやっちゃなあと許せる。それが友だちでしょ？　でも、内面にドカドカと土足で踏み込むようなことはしませんよ。男にはリスペクトがないから、それができるんだけれど（笑）、女にはリスペクトがあるからできないの。

もちろん、相性というものはあります。それは互いに微調整しながらつくるものだと思う。私には、子どもや夫をとても大切にしている仲のいい友だちがいます。彼女には、もう一人、私と共通の友だちがいるんだけれど、私とつき合うときともう一人とつき合うときとでは話題の内容が変わるんです。私が関心を持たないことを知っているから、私には夫と子どもの話はしないけれど、もう一人の人にはするのね。それを私はもう一人の人から聞くけれど、嫉妬も何も覚えない。私が聞けないことを聞いてくれる他の友だちがいてよかったね、と思うだけ。彼女にとっては、私の場合ともう一人の場合とでは波長の合い方が違っていて、違うチューニングで違う情報が流れているだけ。必要な情報を交換できるようにお互いがチューニングして、相性をつくっていくんじゃないでしょうか。

友情へのニーズというのは、自分の中から出てくるんです。私は、人間が他人を求めることを弱さの現れだとは思っていません。自立することが孤独に生きることだなんて全然思っていない。だから、必要だったら、「ねー、お願い」ってすり寄っていけばいい。私、結構、スリスリやってるよ（笑）。「上野さんて、女に敵視されそうに見えるけれど、会ってみると知らないうちに内懐に入ってくる」と言われたことがあります。必要だったから学習したんだね。気がついたら、ヒタッとくっついて、なついてるの（笑）。

最近、私は気持ち悪い人と義理で愛想笑いしながらご飯食べることがなくなりました。人生の残り時間が少なくなってくると、自分のエネルギーにも時間にも限界を感じる。そうしたら、気持ちのいい人と気持ちのいい時間を過ごしたいじゃない。50年生きてきて、自分で納得できる人間関係をつくってきたという自負もある。それは、一緒に時間を過ごせる気持ちのいい人たちを身の回りに蓄えてきたということですね。うん、まだまだ「女遊び」は続いてます。最高、だよね（笑）。

3　女の友情

地震直後、引越しの梱包をしながら

友情のありがたみは、人生の危機にわかります。２０１１年3月で東京大学を退職したので、東日本大震災が起こったときは、引っ越しの最中でした。とても幸いだったのは、お友だちが助けてくれたこと。「梱包からセッティングまでを引っ越し屋さんにまかせればいい」と助言してくれる人もいましたが、私はそれを採用しませんでした。第一の理由は、ものを捨てなくてはならなかったので、その仕分けは誰にも委ねられず、自分でやるしかなかったから。もう一つの理由は、お友だちが多くて、もうずいぶん前から「手伝ってあげる」と申し出てくださったからです。

まだ交通網が復旧していない頃なのに、仕切り能力と引っ越しのキャリアがある頼りがいのある友人が2人、京都と名古屋から泊まりがけで来てくれました。昼間は学生さんやスタッフも献身的に助けてくれた。だから、地震直後、私は引っ越しの梱包をしながらずっと人と一緒だったんです。それで、いろんな意味で救われました。どんなに悲惨な映像を見ていても、誰かと一緒なら気持ちを分かち合うことができる。しかも若者がいたので、三食がっつり食べて、心身共にストレスフルな時期を乗り切れた。友情が身に沁みました。

自分を幸運だと思いましたね。引っ越しや葬式など、人生の一大イベントのときにどういう人間関係を動員するかで、友だちの〝在庫〟が測れます。女性同士の関係性である「女縁」の調査の際、葬式の手伝いに誰を動員するかを調べましたが、昔の共同体が生きているところでは「地縁」が動員されるけれど、それがない新住民の女性たちが動員していたのは女縁の仲間でした。ママさんバレーボールやコーラスや学習サークルや共同保育の仲間。強く深い信頼関係で結ばれた人たちが、人生の大事では裏方で支えてくれるんですよ。

女であるだけでわかり合える

友情というのは長期にわたる信頼関係の賜物です。そして信頼関係というのは、時間と経験の共有の賜物。一緒にある行動をした、とりわけ苦難を共にしてそれを一緒に乗り越えてきた、という経験は大きいと思う。私はお友だちイコールただの仲よし、とは思いません。もっと深い信頼関係で結ばれた存在。困難に直面すると、人のふるまいってよく見えます。その人の限界も卑劣さも、思いがけない胆力や柔軟さまで、いろんなことがわかるので、深い信頼関係が築けるんです。

自分自身の女性性との折り合いが悪く、男がいれば十分だと思っていた私が、女の友情に目覚めたのは20代の後半です。それまでは、自分の人生に女友だちなんかいらないと思っていたし、実際、男とつるんでいるとセックスも含めて暇がつぶせた。でも、学生運動で男との関係に絶望してからは、男って何の役にも立たない、とだんだんわかってきました。

どこまでいっても、男は〝異文化〟なんです。たとえば月のものがこなくて胸が締めつけられるような気分なんて、男に言ったってわからない。私も一度、もしかして、というときがありました。同居していた男に話したら、「君が決めたことだったら僕はどんなことでもサポートするよ」と言われ、深く深く失望しました。ああ、あんたにとっては他人事だったのか、と。自分にとって非常に切実な問題を、どんなに身近な男でも決して共有することはできない。にもかかわらず、どんなに嫌いで疎遠な女でも、女であるというだけの理由でわかり合えることがある。

フェミニズムの基本のキは、女同士のつながりを信頼できるかどうか、です。女嫌いだった私に、女が信じるに足る生きものだということを教えてくれたのは、日本女性学研究会の仲間でした。１９７０年代初頭は、「女と女の友情は成り立つか」なんてディベートがあった時代。まだ女性学が海のものとも山のものともわからなかったときに、みんな、「だからあんたは世間とうまくやっていけないのよ」と言われながら、タコ壺から這い出すように、束の間の共感を求めて研究会に集まってきました。研究会でエネルギーをチャージして、さあがんばるぞっと自分の持ち場へ帰って行った、そういう仲間なんです。苦労しながら、偏見と闘いながら女性学を創ってきた、という思いがあります。彼女たちには、今も変わらぬ信頼と尊敬がありますね。

私が他の研究者と違うのは、大学の中だけで生きてこなかったことだと思う。そういう信頼と尊敬を抱いた仲間たちのその後のライフコースが多様で、主婦もいれば銀行員もいれば先生もいれば、バツイチもいればシングルマザーもいて、といろいろ。おかげで、人を属性で判断しなくなりました。どんな名前で呼ばれていようが、主婦の中にも信頼できる人とできない人がいて、研究者の中にも信頼できる人とできない人がいて、それだけのことです。

人間関係にもメンテナンスは必要

友情は試行錯誤の賜物ですから、もちろん失敗だってしておりますます。踏みこみすぎて相手を傷つけ、壊れた関係がないわけじゃない。人間関係って自分からアプローチしなきゃいけないし、メンテナンスしなきゃいけないんですよ。手間と時間がかかるんですが、〝気配りのウエノ〟はちゃんとメンテナンスしております。もともと社会性のない人間が、よくここまで社会化されたと自分をほめてやりたい気分です（笑）。

メンテナンスというのは、役に立ってあげるといった功利的なことより、〝I care about you〟「あなたのことを心にかけています」というメッセージを折にふれて発信するということ。それは、相手から〝She cares about me〟と感じられるからこそ、お返しできるのだと思う。私は女縁の仲間の〝I care about you〟という気持ちが本当に身に沁みてうれしかった。もともと縁もゆかりもない、何の利害もない人たちなんですから。

今回の震災と原発事故でも、外国から山のようにメールをもらいました。この忙しいときに返事なんて出していられないと一瞬、思ったけれど、〝thinking of you〟と言われると、本当にうれしい。うれしければ人にも返してあげようと思うじゃない。

ただ、私は友情を一生ものだとは思っていません。在庫は増える一方で減ることはないけれど、一時非常に親しかった人と疎遠になることはあります。人生のコースが分かれていけば、必ず人は変わる。だから当然関係も変わる。「何十年会わなくても、会ったとたんに昨日別れたように話せるのが本当の友だちよ」というのは、私は信じません。何十年会わなかったのは何十年会わずにすんだということ。つまり必要がなかったということ。今回の引っ越しで、東大に赴任して以来、18年間開けなかった段ボール箱が研究室で何個か見つかったけれど、それと同じです。

一生ものの男女関係があるなんて私には思えないように、友情にだって栄枯盛衰があるのはあたりまえのこと。絶対的な親友もいりません。私を100パーセントケアしてという欲求は、持たない。ニーズがあれば、その時々で別のお友だちを作ればいいんです。私には本当に突っこんだ話をできる女友だちが何人かいるけれど、年に数回しか会いません。でも、頻繁に会ってご飯を食べるお友だちはほかに何人もいます。

どんな愛情も友情もみんな「拾いもの」

こう言うと笑う人がいるだろうけど、きっと欲がないんだと思います。学生運動を含めてさまざまな絶望や失望を経験しているので、基本は誰にも頼れない、ひとりだというのが私の核にあります。どんな愛情も友情も、私にとってはみんな「拾いもの」。期待がないから、思いがけず与えられると贈り物のようにうれしい。ひとりで海外旅行をすると、人の親切が本当に身に沁みますよね。それと同じ。ボランティアから支援を受ける被災者の気持ちもきっと同じだと思う。制限なんかしないでどんどんボランティアを送りこんだらいいのに、と思います。迷惑だって人間関係、ノイズが起きることだってケアの一部です。非常事態にいる人たちに、人間と人間の関係の中で起きる普通の苦労を取り戻してもらえばいいんです。

それでも「一生ものの友情とは?」と問われて思うのは、自分の深い理解者が先立つことを考えるとき。どんな人間関係も代替はききません。親しい人がいなくなれば、一緒に、その人と共有していた記憶がもぎとられていきます。私には、その人が亡くなることを想像するだけで胸が締めつけられる人が何人かいます。現代アーティストのイチハラヒロコさんの作品に「私のことは、彼にきいて。」というとても面白い作品がありますが、人間っていうのは人との関係の集合。そういう意味では、私は友人に恵まれたと思います。

これまで、教師と研究者と文筆業の3本柱で仕事をしてきました。学生は子どもと一緒でエネルギーをもぎとっていく存在ですが、しだいにくたびれてきて、十全のテンションで彼らと向かい合うことができなくなったと感じて、教師をやめました。ピークを過ぎる前に引退するスポーツ選手のような気分でしょうか。あとの二つの仕事はそのままで、高齢社会やケアについて考えることはこれからも研究主題でありミッションでもあります。2011年4月から女性のためのポータルサイト、NPO法人「ウィメンズ　アクション　ネットワーク(WAN)」の理事長に就任しました。もともと野にあった人間が野に戻っただけ。今度はウェブ上で、女縁の世界を広げていきます。

4　遠距離介護の経験

「殺してくれ」と母は言った

付き添った時間もやり方も、それぞれ違うけれど、私は両親の介護を経験しました。

乳がんで13年間入退院を繰り返していた母が亡くなったのは、1991年でした。当時、私はドイツの大学に赴任中でしたが、「母、危篤」の連絡を受けたのは、幸い8月末のオフの時期。急いで金沢の実家に戻り、10月の新学期が始まるまで、最後の1ヵ月を母の枕元で介護できました。父が開業医だったために、母の介護は自宅でやりました。父は「医者をやってきたのはこの日のためだった」と言い、妻の主治医を務めました。

でも私は、家族が主治医をするのはお勧めしません。なぜなら、主治医が病人の症状の変化に激しく動揺する当事者だからです。最後に、モルヒネが効かなくなった母は苦しみ抜いて、「殺してくれ」とまで言いました。父はそのたびに動揺します。彼自身も高齢で、老老介護でフラフラになっていました。

私と兄と弟（二人とも医療関係者ですが）は、もしかしたら父が医療ミスを起こして母の死を早めることがあるかもしれない、このままでは共倒れになる、と母を入院させようとしました。母も「お父さんといるより病院に入りたい」と言いましたから。しかし、父は「お母さんを入院させるならボクを押し倒していけ」と、強硬に拒んだ。結局、父は思いを遂げ、私たちきょうだいは「これも母の運命かもしれない」と思いました。

母を看た1ヵ月は長かったですね。そもそも、私と母の関係はうまくいっているとは言えませんでした。私には、それまで、進学や恋愛など人生の転機に立って重大な選択をしなければならなかったときに、母がサポートしてくれなかったという思いが澱《おり》のようにたまっていた。いわば、彼女に貸しがある〝債権者〟のような気持ちでいたわけです。母が生きているうちに清算したくて、病床の彼女に、「あのとき、あなたは私に……」と口に出してしまった。こんなときに卑怯だと感じて何度も言うまいと思ったけれど、どうしても抑えられなかったのです。

結局、その気持ちは母には伝わりませんでした。私にとってはひどいトラウマになっていても、母にしたら親として常識的なことを言ったにすぎなかったのでしょう。それはどんな親子関係にでもあると思う。だから、もうそれ以上は追及しませんでした。もしかしたら、親とコミュニケーションがしたいという欲望自体、過剰な期待だったのかもしれない。伝わらなかったことで母を傷つけずに済み、正直、ホッとしました。ただ、寝たきりの母に向かってそう言ったことは、今でも私の胸に刺のように突き刺さっています。本当に家族介護はきれいごとでは済みません。

秋学期が始まるので、やむなくドイツに戻ったとたん、母は亡くなりました。76歳でした。

時限付き娘ごっこ

母が亡くなったとき、父は「これから先、ボクには盆も正月もない」と言いました。もう何も楽しいことはない、と。そこから、彼の時間は止まりました。母が寝ていた部屋の模様替えはもちろん、年が明けてカレンダーを取り替えることすら拒絶し、ひきこもりになってしまった。あたかも、「妻なしでは生きていけない」という愛の物語に聞こえるでしょ？違うんです。〝執着〟と〝依存〟と〝支配〟の物語です。妻なしでは、茶碗一つ動かすことのできないような男でしたから、妻への依存度は、ものすごく高かった。

母を失った後、父は一人、孤独の中で10年を過ごしました。でも、それは自業自得。医師としては有能な職業人でしたが、家族に君臨し、狷介《けんかい》で、自己中心的で、お友だちいない系の男。つまり、日本の普通の家長だったわけです。私たちきょうだいは、誰も父と一緒に暮らそうとは思いませんでした。生活がかき回されるのは目に見えていましたから。

ただ、父にとって娘の私は、溺愛するペットのような存在で、母の思い出話ができるたった一人のパートナーでした。息子たちに対してはプライドがあって、そんな話はできない。だから、これは娘である私の務めだと思って、数ヵ月に一度、父と食事をするために実家に帰り、彼の好きな天ぷらを作り、彼の話に忍耐をもって付き合いました。電話も、毎日のようにかけていましたよ。これは、遠距離だったからこそできた〝時限付き娘ごっこ〟です(笑)。

でも、父が、「チコちゃん、僕たちは仲のいい夫婦だったよね」「笑いの絶えない家族だったね」と言うのには、困惑しました。なぜなら記憶と違うからです。子ども時代の私の記憶では、両親は不仲でした。一番の理由は父方の祖母。とにかく気の強いばあさんで、嫁と姑の葛藤が起きたとき、長男だった父は、妻ではなく母の側に付くという最低のマザコン男だった。そんな姑に35年間仕えて看取った後、母は急に自己主張を始めました。父にも贖罪の意識があったんでしょうね。母の言い分を以前よりも通すようにはなりました。でも、私には、最後まで両親がうまくいっているように思えなかった。

とは言え、桃色の靄がかかった過去に生きている父に向かって、「お父さん、そうは見えなかったけど」とは言えず、美化された過去の共演者をやることにしました。傾聴ボランティアです。そうしたら、私の記憶までどんどん変形してくるんです。怖いですね（笑）。

妻に先立たれて7年後、父は大陽がんを発病しました。入院中は病院が看てくれるからよかったのですが、問題は退院後。しばらくは弟と同じマンション内に部屋を借りて暮らしていましたが、「自分の家が一番いい」と言って一人の家に戻ってしまいました。それからは、通いの人に週に何日か来ていただいて、なんとかやり過ごしました。しかし、1年半して、がんが再発。検査を受けてそのまま入院し、結局、退院できませんでした。

普通、末期治療の患者は3ヵ月ごとに病院をたらい回しにされるのですが、父のケースが特殊だったのは、弟が勤務先の病院で引き受けてくれたこと。父はナースコールを押し続けて、看護師さんに「あなた一人が患者ではありませんよ」と言わせるような、一番やりにくい、評判の悪い患者でした。そんなリスクを承知の上で、弟は自らの職場に引き受けてくれた。もうすがるような思いで、ターミナルケア（終末医療）をお願いしました。

負い目を意地でカバーして

これからどう看ていくか。父の入院後、きょうだいで相談しました。兄とその妻、弟とその妻、そして私と、一人っ子のように代替要員のいないファミリーを考えると、介護の人手には非常に恵まれています。それでも、家族だけで看たら、みんな追い詰められて生活が破綻し、関係が悪くなるだろうし、兄の妻と弟の妻に介護の負担をかけたくないということもありました。

そこで、お金で解決できることはお金で解決しようと方針を決めました。幸いにと言うか、父には貯金があり、私たちきょうだいの間で、「一人前にしてもらったのだから遺産は要求しない。お父さんの資産はお父さんのもの、全部使い切ってください」と、合意ができた。だから、お金と介護の分担をめぐる軋轢は起きませんでした。

父は、他の患者さんの迷惑になるから個室に入れ、24時間態勢で付き添いの方をお願いしました。費用は月に100万円。でも、金沢だったからこのくらいで済んだのです。差額ベッド代と人件費の高い首都圏だったら、この2倍から3倍はかかったでしょうね。この間、兄が父の資産を管理し、カウントダウンしていました。あと何ヵ月、もつかって。幸いなことに資産が尽きる前に亡くなりましたが。

父の再入院は15ヵ月間にわたりましたが、あとで、それだけもちこたえてくれたことは私たち子どもに対する贈り物だったと思いました。なぜなら、きょうだいが結束できたから。きょうだいと言っても、私は18歳で家を出て、その後長い間付き合っていなかったんです。それが、親の介護で危機《クライシス》をともにしてみると、おお、こういうヤツだったのか、と信頼感が生まれました。仲違いしそうな要因はいっぱいあったけれど、できるだけそうならないように3人が大人の判断をしつつ、お互いが得意分野で助け合えたんですね。兄は資産管理をし、弟は病院に引き取り、私は休みを全部潰して、ほとんど毎週のように父のもとに通いました。父が感情的に私に依存していることは誰の目にも明らかで、その代わりをできる人はいませんでしたから。私にとっては半ば意地でした。衰えていく父の最期を見届けてやろうって。

〝負け犬〟の娘には、プレッシャーがあります。息子の場合、働いていることが言い訳《エクスキューズ》になるのに、娘にとってはそうなりません。働く娘の関与は、男きょうだいの妻の関与と比べられます。他人もそう思いがちですし、自分でもそう思ってしまう。

結婚している男が「親を看る」と言うとき、それはたいてい「妻に看させる」と同義語。私はまがりなりにもフェミニストですから（笑）、きょうだいの妻たち以上に関与せざるをえない。彼女たちは直接的な身体介護はしないものの、ものを届けたり細やかな気遣いをしたりとものすごくサポートしてくれました。それだけ彼女たちが動くのなら、私はそれ以上動かなければ、と。

さらに、遠距離介護の負い目もありました。兄も弟も父の入院先から車で30分ほどのところに住んでいるので、接触の頻度は私より多い。そこで、週末になると飛行機で金沢に飛び、病院に泊まって、月曜の朝、飛行機で東京に戻る、というパターンを繰り返しました。私が行ったときは付き添いの方には帰ってもらい、一人で父を看ていましたが、夜、眠れない父に付き合って起きていたりしたので、もうヘロヘロ（笑）。当時、私も50歳過ぎて更年期だったから、ボロぞうきん状態でした。それで、介護の後半は付き添いの方にも付いていてもらうようにしたら、少し楽になりました。この間、飛行機代等で月20万円程度かかりましたが、収入があるおかげて何とか負担はできました。

人間は立派には死ねない

きょうだいと付き合い直した15ヵ月は、父とも付き合い直した15ヵ月でした。付き添いながら、父の話を本当によく聞いてあげましたよ。青年時代の話が次々と出てきて、私が生まれる前、戦時中に満洲（現・中国東北部）へ行っていたと聞いたときは仰天したものです、そんなこと何も知りませんでしたから。読みたいという本の朗読もしました。柳原和子さんの『がん患者学』とか、徳永進さんや鎌田實さんなど医者の書いたターミナルケアの本とか、がん患者にどうかと思ったけれど、彼は黙って聞いてましたね。

医師ですから自分の病状は全部わかっていましたが、できた人間ではないので、すんなりと死を受け入れられたわけではありません。私は、いろいろな人のいろいろな介護の体験談を聞いてきて、つくづく学んだことがあります。立派な人の立派な死に方は何の参考にもならない、と(笑)。

人間は、そう立派に死んでいくわけではないんですね。普通の人のジタバタした死に方の話を聞くのは、本当に慰めになりました(笑)。とりわけ私の父は器の小さな人でしたから、気持ちは毎日揺れ動くし、やってほしいこともコロコロ変わります。それに周囲は翻弄される。そのとき、家族は翻弄されるのが務めだと思うしかないと覚悟しました。

毎週1回くらいの頻度で会っていると、父がゆっくり衰えていくのが確実にわかりました。死んでいく人とあれほど深く付き合ったのは初めてで、10年前の母のときとは、私自身の死への向き合い方が違った。そこで、思ったんです。見届けてやろうと。自分を産んだ生き物の死に立ち会ってやろう、と。ただ、週末しか行けませんから、彼の死に目に会える確率は1週間に1度、7分の1。

そして、きょうだいが「今日は大丈夫だろう」と全員引き上げたあと、一人残った私の目の前で父が息を引き取ってくれたとき、神は信じないけど、思わず感謝しました。思いが通じた、って(笑)。こんなこと喜んでもしようがないのだけど。

老後への不安も消えて

87歳の父を看取ったあと、多くの方からいろいろな言葉をかけていただきました。まず「お寂しいでしょう」。まさか、です（笑）。もともと一人で暮らしていましたから。次に、「お力をお落としでしょう」。とんでもない、むしろ解放感ですよ。一番ありがたかったのは、「親より先に死なないのが子の務め。立派に務めを果たされましたね」。これは嬉しかった。人にも言ってあげたい言葉です。

母も苦しんで死にました。父も苦しんで死にました。絶望した末期がんの患者と付き合ってみて本当にかわいそうだなと思ったけれど、ああ、大型動物というのはゆっくり死んでいくんだな、ピンピンコロリなんていうわけにいかないんだと、骨の髄までわかりました。

私の人生も、すでに下り坂です。記憶力は落ちているし、漢字変換ができなくなっているし、書名も出てこない。仕事のペースは変わっていないけれど、疲れ方がはっきり違う。でも、逆らえないものには逆らわず、です。人は、生きてきたようにしか死ねません。私は半世紀も生きてきたので、それなりの自分の生きるスタイルも作ってきているし、覚悟もある。孤独への耐性も強い。友だちという、老後に欠かせない資源もあります。

今、私が老いや介護の研究をしているのは自分のためです。賢い消費者にならなければクオリティの高い商品が買えないのは介護でも同じで、母と父の死をじっと見つめ、研究を重ねてきた私は、賢い消費者になれると思う。

5年前にスタートした介護保険のおかげで、各地で志の高い介護実践をしている人たちの経営基盤が安定しました。その人たちと付き合ってみて、「自分の介護と看取りを他人の手に委ねることに不安はない」と言えるようになりました。これは、革命的なこと。人の助けを借りて、たとえ認知症になっても生きていけるんですから。誰にとっても「子どもに頼らない老後」の可能性がようやく見えてきたと思います。

5　アラフォーおひとりさまへ

ストック形成意欲を持たないアラフォー

「おひとりさま」ってどんな人たちを指すか、知っていますか？　「親に頼らない・頼れない、夫に頼らない・頼れない、子供に頼らない・頼れない」人たちのことです。

『おひとりさまの老後』に対して、「団塊の世代には通用しても、われわれには通用しない。どうしてくれるんだ」という声が下の世代から上がっています。そのとおり。あの本の帯には「結婚していようがいまいが、だれでも最後はひとり『これで安心して死ねるかしら』」というコピーが入っていますけれど、ターゲットは私と同世代の女性たち。今60歳前後の女性たちが今後、「老後」を迎えるにあたり、いわば自己救済、自助努力を呼びかけたものです。

あのシナリオが下の世代には通用しない最大の理由は、婚姻率が違うから。団塊世代は既婚率が非常に高いうえに、婚姻の安定性も高い。たとえＤＶ（ドメスティック・バイオレンス）に遭おうが我慢して、「一生ものの結婚」をしていました。そして「一生ものの結婚」を支えたのが、夫の職業の安定性の高さです。これはすべてに連動していて、就労が安定している→長期のローンが組める→持ち家率が高くなる。夫の職業が安定していなかったら、妻は安心して無業の主婦なんかやっていられない。

さらに団塊世代は、親から資産をもらうこともなく、また仕送りする必要もなかったという意味で、正の贈与も負の贈与も受けなかった日本史上希有な世代です。地方の次男坊、三男坊が都会に出て人口都市化を担い、一生を会社に捧げることによって家を持ち、ストック（資産）形成をしていった。つまり、団塊世代の夫たちは自分の一生を抵当に入れて資産をつくったわけです。ところが、その子どもである〝アラフォー〟以下の世代は、親がすでに家を持っているために、ストック形成意欲を持たない大人になってしまった。

結婚適齢期の後に介護適齢期

今のアラフォー世代は晩婚・非婚の先駆けですが、特徴的なのは、確信犯シングルがほとんどいない、という点。もうひとつ下の「ポスト均等法世代」が、働き続けることがあたりまえというメンタリティを持っているのに比べ、アラフォー世代には結婚願望が強いんです。シングルの多くも、結婚を一日延ばしにしているうちに、いつの間にか適齢期を超した〝なし崩し〟シングルです。結婚で人生をリセットできるという幻想を抱いているから、ずっと待機の時間を過ごしてきたわけです。いずれ訪れる突然の出会いを待つだけで、老後を射程に入れたライフプランを立てることもなく、非正規社員であることに文句も不満も持たずにきた。本人も親もそれを許容してきました。

その待機の時間が可能だったのは、夫のインフラ（経済基盤）がなくても、親のインフラがあったから。10年ほど前に「パラサイト・シングル」という言葉が流行りましたよね。社会学者の山田昌弘さんの造語ですが、彼の調査では、当時25～35歳の人たちの親との同居率が、7割にものぼることがわかりました。

彼らの母親世代は専業主婦の割合が高く、家庭志向が強いため、親のほうも、「親業」を卒業しないですむことを内心では歓迎したのでしょう。だから、子供は20歳になっても30歳になっても、〝子供部屋の自由〟をエンジョイできたのです。

親にとって、娘を手元に置くことは老後不安への保証、介護の人手への期待があります。そして娘のほうは、非正規雇用で自活できるだけの給料をもらえないとしても、家賃や食費がかからない分、可処分所得が多くなり、おまけに家に帰ればご飯の用意もあるし、洗濯や掃除もしてもらえるし、夫の顔色をうかがうよりずっと気楽（笑）。そりゃあ、やめられません。親と娘は共犯関係。親の思惑と娘の打算が一致していました。

ところが10年たって、状況は大きく変わりました。年金生活者になった親は自分の生活でめいっぱい。場合によっては、要介護になってきている。日本では、同居シングルの娘は、他にきょうだいが何人いようが、介護責任から逃れられません。つまり、〝なし崩し〟シングルたちは、結婚適齢期を過ぎたら介護適齢期に突入していた、ということになるでしょう。彼女たちの世代は今、自分の老後より、親の老後に対する恐怖のほうが強い。要介護になられても困るし、死なれたらもっと困る。しかも、次には子どもに頼れない自分の番が待っている。「さあ、どうする？」ですよ。

結局、アラフォー世代はその親世代も目先のことしか考えてこなかったということ。親は、自分の老後を娘に期待しても、娘の老後がどうなるかなんてほとんど考えていません。〝子供部屋の自由〟のツケを将来支払うのは、子ども自身なのです。

まじめに働き続けるしかない

ひとりで過ごす老後を支える条件として、私は「自分のお金」と「自分の住まい」、「自分の時間」をあげています。これは言い換えれば、親にも夫にも子にも頼らないですむ、ということで、やはり、一番の要はお金。

お金を考えるとき、ストック（資産）とフロー（収入）の両方を考慮に入れる必要がありますが、ストックに関していえば、今までの女性には夫のストックしかなかった。ところが、少子化のおかげで、親のストックが女性にも回ってくるようになりました。しかも、均等相続ではなく、「一番世話してくれた子どもに残す」という対価型相続をする親が増えてきているので、娘も「面倒をみますから、私に残してください」と言うことができます。ただし、集合住宅は40年もたつと老朽化するなど、親が残すはずの資産が劣化する可能性もある。さらに親の老後が超長期化して、親が資産を食いつぶしてしまう番狂わせが起こるかもしれない。もはや親のストックは安心材料にはならないということです。

ということは、やはり、おひとりさまの老後を安心して迎えるには、「自分の収入を手放さない」ということに尽きます。株で利殖できる人はいいけれど、リスクも大きいですし、大抵の人はまじめに働き続けるしかないでしょうね。どんなに額が目減りしても、自分の名前で受け取れる年金を確保することはとても大切です。

たとえば、戦争で夫となるべき男たちを亡くした独身婦人連盟の女性たちは、親や夫をあてにできないという条件のもとで働き続け、性差別を受けながら教員ならヒラで、銀行員なら窓口業務のままで定年を迎えました。給料は安いけれど、安定雇用のおかげで年金はある。年金があれば、介護保険を利用しながら、そこそこ生活できます。でも、今のアラフォー世代は非正規雇用者が多く、国民年金を払い続けるモチベーションも低い。老後になって、ライフプランを立てず、待機の時間を過ごしてきたツケを払わされるでしょう。

アラフォーの〝危機〟は、「ずっとおひとりさま」に限ったことではありません。結婚していようと、婚姻の安定性がなくなり、夫の職業の安定性が低下しています。「シングルアゲインさま」が増え、「これからアゲインになるだろう」人も多いでしょう。夫のインフラがあてにならない現在、「ずっとおひとりさま」と事情はそう大きく変わりません。寿退社で自分の仕事を投げ出してしまったのは、あまりにもリスクが高い選択だったのでは？　もっと早くに、夫と親をあてにしないライフプランを考える必要があったでしょう。

いつからでも働き始められる

でも、今からでも遅くはありません。仕事は生きがいではなく、収入を得る手段。選ばなければあります。たとえば介護市場はずっと求人難。給料が安いというけれど、それでも月額平均16〜20万円ぐらいの給与をもらえます。昔の女性は、ありとあらゆる仕事をやって生きてきたのですから。

家庭に入って「こんなはずじゃなかった」と思い、地域で自分たちの活動の場をつくりだしてきた中高年の女性たちを調査し、１９８８年に『「女縁」が世の中を変える』を書きました。それから20年後の２００８年、そこに登場する女性たちの「その後の20年」を追って『「女縁」を生きた女たち』（岩波現代文庫）を出しました。彼女たちを見ていてつくづく思うことは、40代で結婚による人生のリセットは期待しない方がよいかもしれないけれど、50代で人生の再出発をするのは、決して遅くないということ。先日も、３年間学校に通って准看護師の資格をとった50代の女性に会いました。看護師資格があれば、介護施設に入職するときも有利だし、そこから介護福祉士の資格もとれる。ニーズの高い分野の資格職なら、いくつになっても就くことができるのです。エステや海外旅行に費やしてきたお金を、自分自身への投資に使えばいい。男性に向けた消費財になるための投資ではなく、自分自身が生産財になるための自己投資です。

性差別と年齢差別の激しい企業社会では不利だから、と、起業をした中高年女性も大勢知っています。そうして、50代になってから夫の扶養家族から外れた人たちだっているんですよ。

政治を諦めないで

最後に、指摘しておきたいことがあります。

日本が長い時間をかけて年金制度をつくり、介護保険をつくってきたのは、老後の安心のためです。なのに今、年金制度の空洞化と介護保険の改悪がどんどん進んでいます。それを有権者は黙って座視してきた。無年金、低年金の80歳以上のシングル女性の貧困がどれだけ深刻か……住宅弱者でもあるため、家も金もなく、生活保護を受けて、最後は群馬の山奥で焼死してしまうかもしれません。胸が塞がりますが、他人事ではありません。

年金制度と介護保険はセットです。年金は、お年寄りの立場と親子関係を大きく変えました。年金がない時代、所得を失った高齢者は子どもに頼って生きざるをえなかった。今、お年寄りは孫に小遣いをやり、介護を受ける費用を自分で出せるようになりました。

現在の高齢者世帯では、たとえ子ども家族と同居していても、ポケットは別々です。親がいったん要介護状態になると、子どもは自分のお金は出さずに、親の年金の範囲で介護保険を使う。親の年金を上回る負担額を自分の懐から出すのは、家から出ていってほしい場合だけ。つまり子どもは姥捨てのためにしかお金を使わない、それが現実です。

自分の老後を守るのは自分自身。有権者として、年金制度の空洞化や介護保険の後退を許してしまっていいのか、ということです。非正規雇用者がワーキングプアになってしまうのも、つまるところ政治の問題。だから政治を諦めないで。諦めることは、自分の首を自分で絞めることになるのです。

Ⅱ

「おひとりさま」の老いと死

6　向老学のススメ

はじめに

今日お話しするのは「向老学」という、おそらく皆さんにはおなじみがない学問の話です。「向老学」とは何か。老年学（ジェロントロジー）という分野がありますが、老年学と向老学は、違います。私たちが今生きている社会は、老いを避けたい社会、直面したくない社会です。これをずいぶん前に、「老いは、文明のスキャンダルである」と表現したのはシモーヌ・ド・ボーヴォワールでした。

「向老学」には、今のところ英語がありません。何故かというと、これは日本発の学問だからです。尊敬する高橋ますみさんという女性が1999年に日本向老学学会をおつくりになって、名古屋を拠点にこれまで8年間、学会活動を続けておられます。老年学と向老学の違いは、「年寄りが問題だ」という文字通りの老人問題と、「老後」という主体的経験の違い、客体か主体かという、大きな違いがあります。ジェロントロジーというのは、高齢者を学問の客体として、「加齢とは何か」について、学際的な研究をするものですが、「老後」というのは主語が「私が経験する老後」ですから、向老学とは自分の経験を主体的に言語化・理論化するという研究です。

向老学を考える契機になったのが、私たちの生きている社会には、老いることを拒否する思想があるのではないかと感じたことです。サクセスフル・エイジング（successful aging）という概念があります。これは、アメリカ生まれの概念で、「成功加齢」と訳します。同僚のジェロントロジスト、秋山弘子さんが「成功加齢」をズバリ、次のように定義してくれました。「サクセスフル・エイジングとは、中年期を死の直前まで引き延ばす思想のことである」と。もっとわかりやすく言い換えますと、「老いを見たくない、聞きたくない、直面したくない」という思想のことだと言ってもいいかと思います。

私は、そういうサクセスフル・エイジングという思想が日本であまり広まってほしくないものだと思っています。日本には他にもＰＰＫ運動というものがあります。これは「ピンピン、コロリ」の略で、昨日まで元気で生きて、今朝ぽっくり死ぬという思想です。昨日まで元気だった人が、翌朝冷たくなっていれば、変死の一種である突然死と言います。死ぬ前の寝たきり期間は最新のデータで平均8・5か月、人間というのはじっくり死ぬものです。

「老いたくない、老いた自分を見たくない、直面したくない」という考え方は以前から根強く日本の社会にありました。PPK運動よりもっと前には、「ぽっくり信仰」というものもありました。

東京都老人総合研究所に勤務しておられた井上勝也さんは、今から30年前の1978年（昭和53年）に「なぜ、ぽっくり寺へ参詣に来たのか」と参詣者43名に調査をしています。その答えで一番多いのが、「寝たきりになって、他人（家族）に迷惑をかけたくないから」でした。

さらに踏みこんで「もしあなたの家族が、寝たきりであっても少しも迷惑がらず、一日でもよいから長生きしてほしいと願い、心から温かく看護してくれるとしたら、あなたはもうぽっくり逝くことを願わないか」と尋ねると、それでもなおかつ多数の方が「もしそうであれば大変嬉しいが、しかし、やっぱりぽっくり逝きたい」と回答しました。

高齢者の自己否定観

分析の結果、井上さんが発見したことは、高齢者は自分自身の老いや衰えを認めたくない、受け入れたくない、不甲斐ない、悔しい、情けないという自己否定観を持っているということでした。「迷惑がらずにお世話をしてもらえる」と思っても、それでも避けたいと思うのは、無力でなかった時の自分と比較するからです。こういう高齢者の自己否定観というのは、社会的にマイノリティと言われる人々のセルフイメージと共通点が多いことが、社会学では分かっています。なぜなら自分が持っていた価値観で自分自身を判断してしまうからです。つまり、年寄りを厄介者視、迷惑視してきた若い時の価値観を持ったまま年老いた時、最もつらいことは、無力感、自己否定感、抑うつ状態といった、自己差別を感じることなのです。

これに対して、年寄りは昔からこんなに迷惑視され、厄介者だったのかというとそうではなく、歴史的な変化のせいだというのが、比較老年学という学問の知見にあります。

一、老人の地位は、近代化の程度と反比例する。

一、人口高齢化率（65歳以上の人口が総人口に占める割合）が低いほど、年寄りの地位は高い。

一、老人の地位は、社会変動の速さと反比例する。

さらに、定住社会や、文字を持たない社会、大家族、それに加えて、財産の所有権を持っているところでは、老人の地位が高い。ということは財産は最後まで手離さないほうがよろしいかと思います。

「年をとることは価値が低くなることだ」という考え方を、エイジズム（年齢差別）といいます。今、アンチエイジング商品が、大きな市場になっています。特にアメリカではエイジングを否定することがそのまま価値になるなど、サクセスフル・エイジング、つまり「生涯現役」と言われるように、死の直前まで中年期を引き延ばす思想が勢力を持っています。

上り坂と下り坂

近年、平均寿命はどんどん延びており、日本は今や超高齢社会に入りました。80歳を超す確率は女性が4人に3人、男性ももはや2人に1人以上です。

70歳を過ぎた人を対象に「もし生き直せるとしたら、自分の人生の中で、何歳に戻りたいと思うか」と尋ねた調査がありますが、それに対する答えには、男女差があります。男性で一番多い答えは、地位と収入のピークである50代です。一方、女性の答えは子育て期の30代です。もし人生のピークを50代だとすると人生100年時代には、前半生が上り坂、後半生が下り坂の、だいたい半々だと考えてよいでしょう。個人史にも上り坂と下り坂があるように、社会史にも上り坂と下り坂がありますが、私たちが、学校や会社などで教わってきたノウハウやスキルは、上り坂を登るためのものでした。下り坂を降りるノウハウやスキルは誰も教えてくれなかったのです。

私は団塊世代ですが、奇しくもこの世代は、個人史の上り坂と社会史の上り坂が一致し、また社会史が下り坂になった時に個人史の下り坂が来るという運命的な世代でした。青春期を日本社会の上がり坂の時期に過ごしたため、時間感覚において成長の感覚を持っており、時間が経てば今より事態が改善するであろうという根拠なき信憑を持っていますが、今の若者たちは、物事は時間が経てば現状より悪くなるという時間感覚を身体化しています。

当事者主権とは

2003年に、私は中西正司さんという障害者自立生活運動のカリスマ的リーダーの方と共著で『当事者主権』（岩波書店）という本を書きました。「当事者主権」という言葉は、私と中西さんが造語したものです。何故この本を書いたかというと、当事者能力を最も奪われて来た人たちがいるからです。言い換えると、「私が誰か」ということを他人に決められて来た人たちです。社会的なマイノリティと言ってもいいのですが、女・子ども・高齢者・障害者、つまり〝らしく〟あるうちはそれ相応の恩恵やお世話が受けられるけれども、そこからはみ出したとたんに周囲から叩かれるという目に遭ってきた人たちです。

主権というものはその人に属して、他の誰かに譲り渡すことができない至高の権利であり、自分の運命を自分で決める権利のことです。当事者主権とは簡単に言うと、「私のことは、私が決める」という意味ですが、これを単純に「自己決定・自己責任」と言ってしまうと、最近のネオリベラリズムの原則と区別がつかなくなるので、あえて「当事者主権」という言葉をつくりました。

介護保険法にいう「自立」と、障害者自立支援法にいう「自立」とは、「自立」の概念が違います。障害者にとっての自立とは、「私は生きるためには誰かに助けてもらわなければならない。だからといって、その人に従属しなければならない理由はない」ということでした。これに対して、高齢者の自立とは、介護を受けないことを指しています。障害者の「自立」とは、障害者運動が闘って獲得してきたものです。権利は黙って向こうからは歩いてこない、ようやく手に入れたときには、値切られてしまう。しかもうかうかしていると足もとをすくわれる……それが権利や制度というものです。障害者はその権利を闘って獲得してきたのに、高齢者はどうでしょうか。

日本にはこれだけたくさん高齢者の方がおられて、潜在的に大変大きなパワーがあるはずなのに、一度でも組織的な政治力を行使したことはあるだろうかと考えると、残念ながらアメリカにあるような組織化はまれで、高齢者パワーはありません。介護保険法さえも、実は高齢者が求めてできた法律ではなく、介護世代が自分たちの負担軽減を求めてできた法律ですから、高齢当事者にとって使いにくいのは当然です。

当事者とは、誰かから、「あなたは、要介護の当事者です」と言われるようなものではなく、「私は、介護を受ける権利がある。そのニーズは満たされて当然だ」と思った時に、初めてその人は当事者になる、という性格のものです。これまで日本の高齢者は、権利の要求をしない、つまりは当事者になってこなかったのではないでしょうか。

介護する側、される側

介護保険が生まれて、８年が経ちました。時間の経過とともに、情報と経験が蓄積していきます。しかし、制度設計者や事業者、そしてワーカーの側には、ずいぶんと蓄積されましたが、それに比べると介護される側の情報と経験の蓄積は、不釣り合いに少ないことが分かります。何故かというと、介護する側は、８年もやっていればベテランになりますが、介護される側はそのつど、初心者だからです。

もう一つには、介護される側の沈黙という問題があります。日本の80代以上の要介護高齢者は、圧倒的に女性ですが、「私のような者は、生きているだけで申し訳ない。お世話を受けてもったいない。文句があっても、口に出すなど申し訳ない」と思いながら生きてきた人たちだからです。

もうひとつ、研究者として自戒の念をこめて申しますが、研究者ですら介護される側の研究をしてこなかったという事情があります。寝たきり高齢者とか、言語障害や認知症のある高齢者の調査をしようと思ったら、その場に出かけて一緒に時間を過ごしてお聞きするしかないので、そのようなテマヒマかかる調査研究を、研究者もずっと怠ってきたからです。

当事者研究

向老学は当事者研究の一種ですが、当事者研究の典型は、患者学です。患者学は、最近ようやく市民権を得てきました。医学という専門知に対して、患者は病人になるたびにアマチュアであり、ビギナーであるため、専門知に対抗できるわけがありませんでした。しかし、ネット時代は情報の共有を可能にしてくれるので、今やほとんどの病気にネット上の患者コミュニティがあります。その方たちの経験と情報の蓄積は、専門家からも無視できないものとなってきました。

さらに驚くべきことに、最近では、精神障害者の当事者研究が始まりました。統合失調症の患者さんたちが、自分はどういう時にパニックになるか、どういう時にキレるか、妄想や幻聴とどうつきあったらよいかを、お互いに当事者研究しています。認知症の当事者研究も始まっています。そして、今や専門家がこれらの当事者の声に耳を傾けて、学ぶ時代が来ました。

介護される側の心得

それならば、介護だってやっぱり、介護される側に聞いてほしい。介護する側のノウハウやスキルばかりが蓄積されるのに対して、介護される側のノウハウやスキルは伝達もされず、共有もされないのはおかしいのではないだろうかと思って書いたのが、次ページの「介護される側の心得10ヶ条」というものです。

介護する側のノウハウはありますが、される側はありませんでした。そこで、さまざまな現場をお訪ねして、要介護当事者の方たちにお会いし、面接した中から工夫して作ってみたものです。当たらずとも遠からずかな、と思っておりますが、自分自身がまだ当事者になっていませんので、内心忸怩たる思いです。いずれ近い将来か遠い将来、要介護者になった時にはバージョンアップして修正を加えようと、今から楽しみにしています。

1から10までありますが、最後に「ユーモアと感謝を忘れない」をもってきました。「1から9まで言うだけ言ってから、感謝は最後」というつもりで、あえて最初に置いてありません。

「介護されるプロ」と名のる小山内美智子さんという障害者の方がいらっしゃいます。「介

介護される側の心得10ヶ条

(1)自分のココロとカラダの感覚に忠実かつ敏感になる
(2)自分にできることと、できないことの境界をわきまえる
(3)不必要なガマンや遠慮はしない
(4)なにがキモチよくて、なにがキモチ悪いかをはっきりことばで伝える
(5)相手が受けいれやすい言い方を選ぶ
(6)喜びを表現し、相手をほめる
(7)なれなれしいことばづかいや、子ども扱いを拒否する
(8)介護してくれる相手に、過剰な期待や依存をしない
(9)報酬は正規の料金で決済し、チップやモノをあげない
(10)ユーモアと感謝を忘れない

［上野2007］

護はケアする人とケアされる人との相互関係だから、ためらいのない介護、マニュアル通りの介護は、堕落する」と彼女からお聞きした後に、「介護される側の心得　増補版」を作ってみたのが次のものです。

（11）プライドを捨て、わがままと言われるのをおそれない。
（12）相手がボランティアでも、言うべきことははっきり言う。
（13）排泄介助は自分のお尻だと思ってやってもらう。
（14）「もういい？」は介護する側の禁句。
（15）ベテランになればなるほど自信過剰になり、迷いを失ったケアには落とし穴がある。
これはやはり、生まれてから半世紀以上、介護を受けてきたプロでなければ言えない知恵の集まりだと思います。そして、これらの知恵を蓄積していくことが、高齢者にとっても大切です。車椅子になっても、失明しても、半身麻痺になっても、言語障害になっても、「でも、こんなに一日一日を楽しく生きていけるんだ」と思えるモデルが、障害者の方たちにはあります。私はそういう方たちと巡りあって、本当にたくさんのことを学びました。

「助けて」と言える私

昨日できたことが今日できなくなる自分を日々に発見していく、そのような下り坂の人生がこれから待っています。かつてできたことが、できない。しかしできない時には、他人に助けてもらえばいい。そのときに、依存的で無力な自己をまず自分自身が受け入れなければいったいどうやって助けを求めることができるでしょうか。自分が自己否定感を持っている限り、一番不幸なのは自分自身です。その時に「助けて」と言って他者からの援助を受け入れる。「助けてと言える私」が重要になります。

私は著書、『おひとりさまの老後』の「あとがき」の最後の3行に書いた文章で、ある男性の読者の方からクレームをもらいました。「この本は、もともと女性のために書いてありますが、男の自分にとっても大変役に立つ本だと思い、ずっと読んできました。ところが最後の3行になって、突き放された感じがしました。辛い思いをしましたので、その3行を削ってください」というものでした。その3行の直前の文章に、「もしできなければ、最後の女の武器がある。『おねがい、助けて』と言えばよい」とあって、その次の3行です。「なに、男はどうすればいいか、ですって？　んなこと、知ったこっちゃない。せいぜい女に愛されるよう、かわいげのある男になることね」と書いたものです。「これを削ってください」というご要望でしたが、あるほうが私らしいという読者もいらっしゃって、今でも残っております。

終わりに

私は重度の障害者の方や、24時間介助が必要で1時間介助が途切れても死ぬかもしれないような、そういう方たちが本当に必死になって闘い取って来た生きる権利、介助を受ける権利を見るにつけ、高齢者が同じような要介護状態になったとき、「こんなになってでも生きていてほしい」と、誰かに言ってあげられるだろうか。あるいは自分がそうなった時に、そう言ってもらえるだろうか。そして、一日生きた時に、「ああ、今日一日生きていてよかった。明日もちゃんと朝、目が覚めるだろうか」と思えるだろうか、誰かにそう思ってもらえるだろうか、と考えてきました。

最後に、私の好きな佐野洋子さんの言葉をご紹介して、話を終えたいと思います。佐野さんは69歳で、末期がんの宣告を受けておられます。

ご紹介したいのは、次の一言です。

「お迎えは、いつ来てもいい。でも、今日でなくてもいい。」

7 「男おひとりさま」――幸せに暮らせる人、暮らせない人

下心のない女友だちが大事

結婚をしたことがない〈非婚シングル〉、結婚したけど離婚しちゃった〈離別シングル〉、伴侶に先立たれてしまった〈死別シングル〉、それぞれ事情のある〝男おひとりさま〟の皆さんに、私は言いたい。

おひとりさまでも心から幸せに生きて、そして、幸せに死んでいける。不安にならなくてもオッケーよって。

「女から男の生き方についてとやかく言われたくない」なんてお叱りも飛んできそうだけど、取材を重ねてみてあらためて思ったのは、男おひとりさまで人生を幸せに生きている人

の多くは、異性の友人に恵まれた生活をしているってこと。

無二の親友とか男同士の友情もいいけれど、いざ何かあった時に、男友だちは頼りになりませんん。そういう時、実際に細やかに気を回してくれて、手を貸してくれるのは圧倒的に女性です。ひとりの配偶者より、下心のない女友だちを何人持つか。男おひとりさまにとって、それは大事な資源です。

はじめに、この国の男おひとりさまの現状について説明しましょう。

そもそも男性は、妻に看取られて「おふたりさま」のうちにあの世に送ってもらえる、と何の根拠もなく考えている人が大多数でしょう。実際は、将来の男おひとりさま予備軍は、世の中に溢れているのに。

まず、男性の有配偶率がもっとも高いのは60代。というのは、一度でも結婚したことがある割合が100％に近い「全員結婚時代」を生きてきたから。年齢的にまだ夫婦がそろっていることが多いのですが、その実、平均寿命からすれば〝番狂わせ〟の死別シングル男性が、ぼちぼちと増えてくる年代です。

'05年の国勢調査によれば65〜69歳の死別シングル男性は5・0％ですが、70〜74歳で7・9％、75〜79歳では12・3％と上がってきて、男性の平均寿命の79・3歳を越えた80〜84歳は18・9％にもなります。

「オレはどうせ平均寿命まで生きられない」なんて思っていませんか？　平均寿命とはゼロ歳児の平均余命のこと。今を生きている人が80歳を越える確率は、男性で58％もあるんですよ。つまり、男性の2人に1人以上は80歳を越え、その時、妻のいない確率は5人に1人。85歳を越えれば、3人に1人の割合にもなります。

50代より下の世代は、非婚率と離婚率が両方とも増えてくる年代。50代の離婚率は5・6％で、約1割いる非婚者と、約1％の死別者を合わせると、18・9％もシングルがいます。

若い40代で配偶者のいる割合は60代より低くて7割台に過ぎません。離婚率が上昇しているうえ、非婚率も増えているためです。ちなみに家裁への離婚申立人の約7割は女性。離婚の選択権のほとんどを女性が握っています。

40代前半から下は、非婚シングル、いわゆる「オス負け犬」が激増中。40～44歳の非婚率は22％で、つまり5人に1人。さらに国勢調査に基づく人口学的シミュレーションでは、現在30代後半の男性で4人に1人、20代後半の男性では3人に1人が生涯非婚を貫く可能性が高いとされています。

では、離婚した〈離別シングル〉の男おひとりさまが再び「おふたりさま」になる可能性は？　これは低いと言わざるをえません。

離別男性と離別女性の結婚願望を比較した調査では、男性の3分の2が「できれば再婚したい」と考えているのに対して、女性の多くが「もう結婚はしたくない」と思っているそうです。

離別シングル女性が再婚願望を持つのは、ほとんどが経済的動機。男にとって再婚理由が「不便だから」なら、よっぽどのカネがなければ再婚はムリでしょう。

死別シングルの女性を相手に考えても、彼女たちは遺族年金が入るから、それを捨ててまで再婚を選ぶ可能性は低い。そのうえ、再婚したら夫の介護要員として期待されるとなれば、よほどラブラブでないと、再婚には踏み切らないでしょうね。

それならばと、若い非婚女性をと考えても、これも難しい。アラフォーから下の世代は少子化の影響で絶対数が少ないうえに、「メス負け犬」族は結婚願望は高いのに、条件を下げないばっかりに結婚を先送りしてきた、いわば「なしくずしシングル」。めったなことでは条件は落としませんよ。

脱「男の甲斐性」

男おひとりさまの「現実」は、そんな具合。どうです？　ガッカリされたかしら？

でも、心配はいりません。

いっそ、この先「おふたりさま」になる可能性は低いと割り切って、老後の計画を考えたほうがいいでしょう。そのほうがより現実的に、充実した暮らしを設計できます。

もちろん、パートナーを求めるなと言っているわけではありません。結婚は〝一生もののセックス契約〟でしたから、ムリにその契約に縛られることはないと言いたいだけ。法律婚をしないで事実婚という選択肢もあるし、別居して通い婚を選ぶ人もいます。性的なことで言えば、〝非モテ系男子〟には、素人女性とのセックスより風俗を選ぶ人もいて、二次元の世界にしか〝萌え〟ない人もいます。結婚イコール「男の甲斐性」の呪縛から解き放たれたらいいいんです。

私は男おひとりさまに、再婚やいまさらな結婚は勧めません。現実的にその可能性が低いというだけでなく、いったん結婚というかたちをとると、女性との関係を固定化し、狭めることになってしまうからです。

オトコの〝死ななきゃ治らないビョーキ〟の一つは、「パワーゲーム」。これに弱いんだな、男の人は。

男たちが、カラダを張ってあれほど仕事に熱中するのは、「妻子を養う」ためでも「会社以外に居場所がない」からでもなく、パワーゲームでライバルと争うのがひたすら楽しいからに違いない、と私はにらんでいます。同性から「おぬし、やるな」と言ってもらえることが、最大の評価だと思っているフシがある。

あるグループホームでの話ですが、認知症を患う男性利用者がいて、その患者は他の施設でトラブルを起こし、すでに2ヵ所を追い出されて、そのホームにたどり着きました。高齢の妻に在宅介護の能力はなく、この先はもう行くところがない状態だったのです。

そこを私がお訪ねした時のこと。7人のおばあさんが職員の女性と丸テーブルを囲んで、まったりとお茶をしていました。でも、たった一人のおじいさんはそれに背を向けて、テレビに向いたソファにぽつんと座っているんです。おじいさんがおばあさんたちのほうを振り向いて、「うちの社員たちは、一日中、茶ぁばっかり飲んで、仕事しよらん」と、憎々しげにつぶやくんです。聞くと、おじいさんは元経営者で、アタマの中はその時のまま。上から目線なその言い方には、かわいげのかけらもなかった。当然、誰からも相手にされていませんでした。

老いは誰にでもやって来ます。だからこそ、自分のピークを過ぎた後半戦に、下り坂をゆるやかに降りていくスキルを身につける必要があります。人生、上るよりも下るほうがスキルを必要とするんですよ。

弱さの情報公開を

これまで女性は、親業を卒業する30代後半か40代前半には、早めの「余生」が始まっていると考えてよい状態にいました。子育てから離れたその時期から、同性の仲間同士のネットワークをつくったり、趣味や習い事で世界を広げたり。夫にも子どもにも依存しない生き方を早めに身につけてきたんです。

それに比べ、フルタイムの仕事から定年を迎える男性は、老後へと〝ハードランディング〟しがち。そんな時は、一足早く余生を迎えた女性たちの生き方が参考になるはずです。

その際に、女にはできて、男にはなかなか難しいのが、「弱さの情報公開」。

オトコは誰しも「弱みは見せたくない」と格好付けがちでしょう？　でも、老いるということは、弱者になるということです。強さをひけらかすのは、定年で終わりにすべき。

ちなみに、私が取材した中で、生き生きと暮らすシングル男性たちは、「会社で出世していない」方が多かった。どの人も、職場や家庭ではない第三の居場所づくりを現役の時から実践してきた人たち。定年後への助走期間が長く、老後へとソフトランディングしています。彼らは、妻と死別しても、そうした居場所でつくった同性、異性の友人たちに支えられ、うるおいのある生活を送っていました。

会社で築いた人間関係は利害関係がなくなれば疎遠になっていくもの。無二の親友がいたとしても、いつかはその友も旅立ちます。

ファッションデザイナーの花井幸子さんの著書『後家楽日和』（法研）には、「無二の親友より10人の〝ユル友〟」とあります。ユル友とは「ユルく、淡くつながっている友」をあらわす造語です。

ユル友なら、内面の葛藤や墓場に持っていくような話をしなくてもいい。内面の共有などなくてもつながれるのがユル友で、毎日を機嫌よく生きていくことを支えてくれる仲間がいれば、十分じゃないですか。男は群れないのが美徳みたいに思っている人がいるかもしれませんが、群れましょうよ。弱いんだから。弱者は連帯する必要があるんです。特技も能力もなくていい、誰かと機嫌よく過ごすことができれば、居場所はできます。でも、ひとりでいることが苦にならない人は、それでもいいんです。

ＡＶ男優でモテこそ命と生きてきた二村ヒトシさんは自著『すべてはモテるためである』（ロングセラーズ）で、こんな名文を残していました。

「居場所とは、ひとりでいてもさみしくない場所のことである」

深いでしょう?

家族がいないメリット

ただ、ユル友をつくるにも居場所をつくるにもルールや必要なことがあります。確かな〝おひとり力〟をつけるために、左の〈男おひとりさま道　10ヵ条〉を参考にして

男おひとりさま道 10ヵ条

第1条　衣食住の自立は基本のキ
第2条　体調管理は自分の責任
第3条　酒、ギャンブル、薬物などにはまらない
第4条　過去の栄光を誇らない
第5条　ひとの話をよく聞く
第6条　つきあいは利害損得を離れる
第7条　女性の友人には下心をもたない
第8条　世代のちがう友人を求める
第9条　資産と収入の管理は確実に
第10条　まさかのときのセーフティネットを用意する

くださいね。

基本的なことに思えるかもしれませんが、これらをすべてクリアできる男性はなかなかの「おひとり力」を備えた方といえます。このうち、もっとも大事なのは第10条。緊急連絡先一覧、自分の財産目録などを記したメモは用意しておくこと。日々の行動を気にしてくれる友人も、特に大切です。

最後に、おひとりさまだと要介護になった場合や終末期を考える必要があるけれど、これも「クリアできる」というのが私の答えです。家族という〝抵抗勢力〟がいない分、入りたくもない施設や病院に自分の意志に反して入れられることもない。どんなあばら屋でも自宅がいちばん。孤独死ならぬ、「在宅ひとり死」も、可能です。詳しくは『男おひとりさま道』に書いてあるのでぜひ読んでみてください。

思うに、人生とは壮大なヒマつぶし。だからこそ、豊かにつぶしたいものです。

8　お墓はいらない私が願うこと

墓は家意識の指標

私たち社会学の分野では、お墓を人々の家意識を測るためのひとつの指標と見ています。とくに家族社会学では、新しく核家族を作った人たちが家意識からどの程度自由になったかを検証するうえで、墓は有効な検証対象となります。戦後に核家族世帯の急増期が来て、1960年代から70年代にかけて住宅建設ブームが起きましたが、それに引き続いて墓地の大造成ブームが起きました。墓地ブームは「日本では形のうえでは核家族化が起きたが、どうやら、頭の中では旧来の家意識のままだ」ということを測る指標となりました。

現在のお墓の主流となっている家の墓、いわゆる先祖代々の墓の歴史はとても新しく、せいぜい幕末から明治にかけて始まったものだということがわかっています。ＮＰＯ法人エンディングセンター理事長で、東洋大学准教授でもある井上治代さんによれば、この時期、村落共同体が分解して家格の違いが拡大していく過程で登場したのが「先祖代々」の墓。それまでは卒塔婆を立てただけの個人の墓、もしくは共同墓が主流で、個々の家族が家墓を持つようになったのは、庶民の中に「家」の観念が広がって家に対するこだわりが出てきてからのこと。幕末以降のものなんですね。

住宅ブームに引き続いて墓地ブームが起きたのは、次男以下の人たちが都会に出てきたことが要因です。都会で新しく核家族を作った次、三男坊たち、その妻にしてみたら舅や姑がいなくてラッキーという核家族の世帯主たちが、自分たちを「創設分家第一代」と見なしたために墓地需要が増えたわけです。

家を出て自分たちだけの世帯をもった身としては、死んでから長男の家の墓に入るのは男の名折れ。何が何でも創設分家初代の意地で墓を作らなければならないと思ったからこそ、家墓の需要が増えたのでしょう。自分の子どもたちには墓守の役割を期待して。団地ブームに次いで墓地ブームが起き、大都市郊外では大規模な墓地造成が進められました。

この時期、お墓のニュータイプが次々と考案され、ロッカー式の墓といったものまで考え出されました。このままでいったら住宅不足の次は墓地不足の時代になると言われましたが、その後、少子化が始まり、心配は杞憂に終わりました。

80年代から90年代にかけて、樋口恵子さんが注目すべき発言をしました。「時代はもう墓の統廃合時代に入った」とおっしゃったのですね。じつに先見の明をお持ちだったなと思います。少子化時代は長男長女の時代。長男長女や一人っ子どうしが結婚すれば、墓をふたつ以上守らなければならなくなります。非婚化も増えており、子どもを産んでもその子どもが孫を産んでくれるとはかぎりません。樋口さんが予言されたとおり、いまは墓守のない墓はどんどん増えていく一方で、墓の統廃合を考えていかなければならない時代になりました。

女性が密かに望む「死後離婚」!?

60年代に急激に増加した核家族の世帯主は、次、三男以下の人たちでしたから、実家の先祖代々の墓について墓守の負担を持つことはありませんでした。負担しなかった分、墓守をするとは、どんなことかわからなかったのですね。

反面、創設分家意識は強かった。いまだにお墓に関して家意識が根強く残っているのも、男の面子というか、家を成したからには尾羽打ち枯らして長男の墓に入るのは男社会では敗者、という意識が残っているからでしょうね。

だから核家族を作った世代が、墓守の実感がないまま今度は自分の子どもたちに「この墓を守ってくれ」と言い出しています。でも守るべき子どもの世代が一人っ子だったり非婚のままだと、頑張って家の墓を作ったところで後に続く墓守がいない。新しく家の墓を作っても一代か二代で墓守はいなくなっていくでしょう。

墓守を望もうにも子どもの数が少なく、しかもその子たちが非婚世代に入っています。墓守を望まれている子どもにとっては、もはや家の墓は重荷以外の何ものでもない。いまでも墓地の広告を目にしますが、少子化時代に入った現在は、墓地ブームも案外早く収束したといえるでしょう。

また、夫は張り切って創設分家のつもりで墓を作ったけれど、妻の側のお墓に対する意識は複雑です。女性のほうが平均寿命は長いですし、結婚してもしていなくても多くの女性が最後は〝おひとりさま〟になることを考えれば、夫の家の墓に入りたくないと考える人も当然出てきます。

関西でお墓の研究をした森綾子さんが、既婚女性を対象に「どこの墓に入りたいか」の調査をしたところ、夫の墓に入りたくない、入るなら実家の墓がいい、別の墓を用意して入りたいと回答した女性が結構いて、これを「死後離婚」と名づけました。

ましてやいまは夫婦関係が不安定になっていて、結婚は一生ものではなくなってきています。離婚や再婚も増えていますし、家庭内離婚状態の方もいます。

たとえば死別男性と再婚した女性には「夫の前妻が眠っているお墓には入りたくない」と考える人もいるでしょうし、嫁姑の関係が悪ければ、「あのお姑さんと一緒の墓は絶対に嫌だ」という人もいる。「嫁いだら婚家が自分の死に場所」と考える女性はだんだん減ってきています。

家族制度は日本の文化伝統というけれど、私たち社会学者の目には、家族のあり方は時代とともにコロコロ変わっていくものに映ります。家族はもとより夫婦関係も、女性の意識やライフスタイルも変わってきている。家の墓があっても入りたくない「死後離婚」を希望する人や、非婚シングルを選択する女性など、ひと昔前とは女性の意識はずいぶんと違っています。

それもあってか最近は、従来の家や家族の意識にとらわれない個人墓や集合墓も増えて、お墓のメニューは広がりました。

墓にも流行がある

世にある集合墓の中には、死後も会社の同僚と一緒に入る企業墓なんてものもあって、思わず「これぞ会社バカ」と言ってしまいたくなるようなものもあれば（笑）、志のある縁を結んだ方たちが一緒に入るお墓もあります。その元祖が嵯峨野の常寂光寺にある、独婦連こと独身婦人連盟の「女の碑《いしぶみ》」でしょう。

独婦連は、戦争の時代に婚期が重なったために、配偶者になるはずの同世代の男性たちが大量に戦死したことで生涯独身を通すことになった女性たちが、互助のために作った組織で、「女の碑」は彼女たちが自分たちの死後を考えて作った共同墓です。仲間同士で入る共同墓のはしりになりました。

墓石を必要としない自然葬や散骨もブームです。その中間に樹木葬や骨仏さんのようなものもあり、お葬式もお墓のメニューも多様化しています。

お墓の流行は、日本に限らず、世界各地にもそれぞれあって、その流行も割合と短期間で移り変わっていくようです。

数年前に訪れたウズベキスタンでは、墓石に個人の顔が彫り込まれたお墓を見てきました。それもレーザー光線を使って顔写真を彫り込んであるため、じつにリアルです（笑）。

海外は個人墓ですから、墓石ごとに刻まれた超リアルな個人の顔が、同じ方向を向いて延々と並んでいるわけですね。現地ではこのレーザー墓が流行中なのでしょうが、初めて見たときは本当にギョッとしました。「こんな墓が日本で増えたらどうなるのか」と心配しました。青山墓地を散策するなんて、怖くてできなくなりますよ（笑）。

このレーザー墓もきっと後の歴史研究者から見ると、ある一時代のテクノロジーとともに生まれて流行ったお墓のスタイルということになるのでしょう。こういう流行は早めに廃れてほしいと思いますが。

同様に現在のような日本の家墓も、長い歴史から見ればある一時代に流行したお墓のスタイルで、ボチボチその流行も終わりかけている、という見方ができるのかもしれません。

お墓は負担を残すもの

私の両親のお墓は、長男である兄が守ってくれています。両親が亡くなったときも、この兄が葬式やお墓についてすべて取り仕切ってくれました。まあ私はしょせん娘で、いずれは家を出ていく女でしたから（笑）。

父は北陸出身で、父の母、すなわち私の祖母は熱心な浄土真宗の門徒でした。ところが父はプロテスタントの洗礼を受けてクリスチャンになることを選びました。亡くなったときの葬儀もキリスト教式です。

この父よりも先に、母は亡くなったのですが、母のお葬式は仏教式で行ない、戒名もいただきました。

母は父と結婚するにあたってキリスト教に入信し、クリスチャンの妻として生きてきました。それが晩年になると、般若心経の写経を熱心に始め、「クリスチャンとしては死ねない」

と口にし始めた。伝統回帰したんです。

だからお葬式も仏教式。これは母の父に対する精一杯の反抗だったと思います。

父は葬式こそキリスト教式でしたが、お墓には母と一緒に入りたい、子どもたちにはちゃんとお参りに来てほしいと希望し、いまは母と一緒に先祖代々の「上野家之墓」に入っています。この墓は兄の子孫が守っていくことになるのでしょうが、兄の子のうち長男はまだ非婚ですから、次の代の墓守の見通しは立っていません。

この時代にあっても長男は家という重荷を背負っていますから、多くは「先祖の墓を自分の代で絶やしてはならぬ」というプレッシャーを感じているでしょう。

ですが実際は、創設分家が建てた新造のお墓だけでなく、数代続いた家の墓でさえ、墓守の確保がむずかしくなってきています。よしんば新しくお墓を作っても、お墓を守り続けてもらえるかどうかは保証の限りではありません。

家墓ブームがそろそろ終焉を迎えつつあることを思えば、お墓については「作るのか作らないのか」ということから、考えていくことが必要な時代になってきているかもしれません。

まずは、お墓とは自分の死後に遺族に負担を残すものという認識を持ったうえで、そこから出発してどうするかを考えたらよいと思います。お墓とは、入ってからは自分の問題ではなくて残された側の問題になる。死者は手も足も出せませんから、残った者にどこまで負担を押しつけていいのかのわきまえが必要です。

子どもに墓守を期待してもいいけれど、あまり重い負担でなく、ささやかな期待程度になさったらどうでしょうか、と言いたい思いです。

私はお墓はいらない

個人的には、私は墓を持ちたいとは思っていません。「嫁げば他家のひと」になるはずの女ですし、シングルを通しましたが、故郷を離れて久しく、兄が守っている実家の墓に入りたいとも思っていません。私には墓守をしてくれる人がいませんから、お墓を持っても仕方がない。

そもそも私は、霊魂や死後の世界をあまり信じていません。墓がいらない第一の理由はこれなのですが、もうひとつ、お墓を自分で建てても、墓守の負担は残された人に託されるということもあります。また自分以外の誰かに、記憶の強制をしたくないという気持ちもあります。墓守を頼むということは、その人たちにことあるごとに「私のことを思い出してくれ」と記憶を強制することでもあると思うのです。

私は、私と思い出を共有したと思ってくれる人たちが生きている間だけ、私のことを覚えていてもらえればうれしい。望むのはそれだけです。

死んだ人が最終的に遺すものは何かといえば、思い出、記憶です。その記憶も、記憶してくれている人が亡くなれば消えていくものです。人間というメモリはいつまでも残るものではありません。欧米では、リビングルームの目立つ場所に家族や親しい人の写真を飾る習慣がありますが、その写真は、写っている方が亡くなるとそのまま故人を偲ぶメモリアルとなります。日本の仏壇のようなものですね。しかもその写真は、それを飾っている人が亡くなれば、用はなくなって整理されてしまう。思い出はあくまで個人のもので、思い出す個人がいなくなれば整理をしていけばいいんです。私はそれでよいと思うのです。

私は墓は持ちたくありませんが、散骨の希望はあります。京都暮らしが長く、思い出深かったこともあって、この地のとある場所に撒いてほしいというのが私の願いです。そこには愛したペットがすでに埋葬されていて、私も一緒にいたいからです。一握りでいいので散骨してもらって、私と思い出を共有してくださる方に「ウエノさんが眠っているのはあの辺かな」と、思い出してもらうことができればそれで十分。

こんな私の願いは、慎ましいほうではないかなと思うのですけれど。心配なのはそのうち自治体が散骨まかりならぬ、と言い出すかもしれないこと。そうなったら深夜密かに決行してもらうしかないかしら（笑）。

Ⅲ

「みんなおひとりさま」時代の男と女

9　ひとり旅のススメ

「上野様は海外旅行の経験も多く、各地の有名ホテルなどについてもよくご存じだと思います、つきましては……」という依頼が、旅の雑誌から来たことがある。おすすめのホテルを推薦してほしい、という依頼である。

受けとって、困惑した。答えようがないからだ。たしかに「海外旅行の経験は多い」が、ホテルらしいホテルに泊まったことがない。国際会議で出かけるときは、大学の宿舎か学生寮、さもなければ友人の家に居候だ。それどころか、数日間の滞在になると、友人を「現地調達」して、殺風景な宿舎を早々に引き揚げ、他人の家にご厄介になりに行くのがつねである。直接相手と友人でなくても、友人の友人という関係はいくらでもあるもので、またたくうちに現地でネットワークが拡がる。

ぴんと糊のかかったシーツや、大理石のバスルームがそろったホテルもいいが、それよりもひとの暮らしのにおいのする空間のほうがずっとよい。外国なら他人の暮らしの流儀にも異文化があって、お茶ひとつ飲むにもいちいち発見がある。るすの間使っていいよ、と言われて住みついた他人の家のなかで、お湯をわかすポットやお茶の葉をさがすだけで、宝探しのようにわくわくする。

旅は人

旅は人、だと思う。人との出会いが、その土地を自分にとってとくべつなものにする。地球儀をまわしながら、地球のうえで自分にとってとくべつな土地が、そこだけぼぉっと明るむのを感じる。そこには必ず人の記憶が伴っている。

風景や名所の記憶ではない。

だから、せっかくの旅に出るのに、パックツアーで出かける人の気が知れない。十数人だかの旅仲間とお友だちになって帰るのもいいが、そこには思いがけない出会いがない。これまでに一度だけ、パックツアーに参加したことがある。アメリカの旅行社主催の南米の秘境ツアーで、ふつうの旅行者には行けないコースが売り物だった。参加者の大半は引退した初老のアメリカ人のカップル。旅行のあとには、参加者のあいだでリーダーシップをとった年配のおじさんから、りっぱな写真集と、再会を約す招待状が送られてきたが、それっきりになった。イグアスの滝だの、アンデスの氷河だの、ふつうではとうてい目にすることのできない自然の驚異を目にしたはずなのに、この旅の記憶は妙に希薄だ。バスに揺られつづけた長旅や、食事のたびごとにどの席に座るか気を使ったことぐらいしか、覚えていない。けっこうな代金を払い込んだのに、コストパフォーマンスの悪い旅だった、と思う。

ひとり旅がいちばん

旅の醍醐味を味わうなら、ひとり旅がいちばん。自分の心身が外界にさらされる度合いがもっとも大きいし、他人が声をかけてくれる機会も多い。ふたり旅だとそうはいかない。レストランやカフェで相席し、食事にまねいてもらえ、場合によっては家にも招じいれてくれる。わたしはそういう時、女主人のあとについて、するりと台所へ入りこみ、キッチントークを始める。台所は女の領分だ。そしてある家族に受け入れてもらうには、家長よりも女主人が鍵を握っていることをよく知っているからだ。こういう時ほど、女でよかったと思うことはない。

そうやってどれだけ、他人の家をわたり歩いてきたことか。世界各地の都市は、その土地で住みついたり居候した友人の家の、室内や台所の風景とともに甦る。インディアナ州のブルーミントンでは知り合ったばかりの女性が、居間のソファを提供してくれた。テニスで有名なウィンブルドンでは、家族の旅行中に滞在させてもらった友人の家の、中庭に面したキッチンの明るさが目に浮かぶ。ストックホルム郊外の友人の海の家では、ろうそくの明かりで食事をした。ニューヨークのダウンタウンでは、夜遅く着いたわたしのために、友人がベッドを明け渡してくれた。シーツの交換もしてない他人の体臭のするベッドに、長旅で疲れた身体をもぐりこませて、相手が最上級のもてなしをしてくれたことに感謝したものだ。わたしに部屋を明け渡した本人はその間中、べつの友人のところへ居候に行っていたという。

それにしても、数日前に会っただけの他人に、家の鍵をわたして自由に使わせてくれる、という大胆さにも感心する。わたしもこの流儀を学んで、ニューヨーク時代にわたしを訪ねて日本からやってきた友人に、家の鍵をわたして「好きにしていいよ」とやったら、数日後に不平を言われた。「せっかくあなたと会おうと日本からやってきたのに、ちっともかまってくれない」と。それでも毎日べつべつのことをしながら、晩ご飯は一緒にしていたというのに。

「ニューヨークで何がしたい？」と聞くと、友人は「ブロードウェイのミュージカルが見たい」という。わたしはちっともそんなものに興味がないので、チケットを手配し、場所を教えて、帰り方を指示した。お互いにしたいことが違う場合には、むりにいっしょにやらなくてもよいと考えるわたしは、最大限のサービスをしたのだが、日本流の「おもてなし」とは違ったようだ。

見知らぬ人のドアが次々に開く

ひとり旅がいいことのもうひとつは、相手が自分のペースに巻きこんでくれること。パリで居候した友人のカップルは、別居している親の家のディナーにわたしを誘ってくれた。広々としたアパルトマンに住む彼らの父は、英語の会話のあいだに〝This is life〟と合いの手を入れ、それがフランス語の〝C'est la vie〟の直訳であることに気がつくのに、しばらく時間がかかった。日本語で言えば「人生なんてそんなものさ」というこのせりふは、英語で言うとなんて奇妙に響くんだろうと思った記憶は、彼の名前も忘れたのに、残っている。

シカゴのカップルは、ニューヨークへのドライブ旅行にわたしを誘ってくれた。ユダヤ系アメリカ人の彼女が見つけた恋人は、イスラエル人男性。彼女が参ったにちがいない、まつげの長いアラブ系の美貌の横顔をつくづく眺めながらの三人の旅は、忘れがたい異文化交流となった。

ザグレブのカップルも、かねて予定していた休暇旅行にわたしを誘ってくれた。妻の父が残してくれたという山荘で一夜を過ごし、山越えでたどりついたアドリア海の水は、真夏だというのにふるえあがるほど冷たかった。この誘いがなければ、わたしは一生アドリア海を目にすることはなかっただろう。

ウェールズのカップルは、スコットランドへのドライブ旅行に誘ってくれた。どこに泊まるかあてのないドライブは、ピーク・シーズンだったこともあってマンチェスターを過ぎたあたりから、行けども行けどもB&BのサインはNo vacancy（満室）ばかり。次の町はどうだろう、次の集落は?と走り続けながら、「いっそのこと、明け方まで走ったら?」と提案したわたしに、「狭いイギリスでそんなことをしたら、朝までにはロンドンへ戻ってしまうよ」と答が返ってきて、大笑いしたこともある。

メキシコでは日系移民のあいだでフィールドワークをしている文化人類学者が、旅のガイドをしてくれた。移民が最初に上陸した太平洋に面したタパチューラという小さな町では、「オレの家の前を黙って通りすぎるなよ」と彼につぎつぎに声がかかる。見知らぬ人の家のドアが開けられ、そのなかに招きいれられる。土地のなじみを旅の伴に持っているのといないのとでは大違いだということを肌で感じた。

自分が立てたわけではないプランにそって、のりかかった他人の船に乗る……どこに連れて行かれるかよくわからないけれど、自分の身を相手に委ねる。見も知らない景色が次々に目の前にあらわれ、友人、家族、仕事仲間と、その人の人間関係のなかに次々に巻きこまれる。土地を、旅人の目からではなく、その土地になじみのある者の目で案内してもらうと、見知らぬ人のドアが次々に開く。奥座敷へと通され、台所へはいりこみ、ベッドへもぐりこむ。

自分の時間、空間、経験を、惜しみなく分かち合ってくれる友人たち、友人の友人たち、そして知りあったばかりの他人たち。

こうして書き連ねてみると、自分がどれだけ豊かな時間を味わってきたかがよくわかる。こういう旅がいちばんいい。そしていつ何が起きてもかまわないように、自分の時間と身体を空けて、待機していたい、と思う。惜しむらくは、そのための余裕がどんどん無くなっていくことだ。

「ねえ、明日から数日、旅に行くのだけれど、いっしょに来ない？」

そう他人から言われたいし、他人にも言ってあげたい。その時には、ためらわず「行く、行く」と答えたい。

いちばん好きなのは、泊まるところを決めないで出かけるドライブ旅行。クルマだとどこでも好きなところに停められるし、時間にも制約されずにすむ。だがこれも、予約しないと宿がとれなくなった。

スペインには古刹や旧跡をホテルに改装したパラドールという国営ホテル群がある。日本でいうなら国宝級の建物に泊まれるわけだ。中世の城塞や教会を改装したものが多いので、人里離れた場所にあり、ふつうの交通機関では足を運びにくい。それなら、とレンタカーでパラドールを泊まり歩くのが、長いあいだのわたしの夢だった。が、部屋数の少ないパラドールは、シーズン中は予約を入れるのがやっと。びっしり組んだ予定表のとおりに、スペインを北から南まで走り回ると、毎日が長時間ドライブとなった。結局、暑くてほこりっぽいスペインの道路風景が、瞼にいちばんやきついている。スケジュールに拘束されて、土地の人たちとも交わりが持てず、この旅の記憶もなぜだか希薄である。なんてこった、これでは本末転倒だ。

いつか余裕ができたら……そう思いながら歳を重ねていくのだろうか。時間にも予定にも制約されない旅がしたい。

10　シングルはモラトリアムか？

未婚・晩婚・非婚

　エリクソンが金融用語から心理学へ転用したことで有名な「モラトリアム」という用語は、青年期病理の一種として「成熟回避」とも訳されている。そもそも長期化する青年期そのものが近代社会に固有の現象であり、生理的、心理的、社会的、文化的成熟のあいだのずれが原因だと考えられており、その「成熟」の最終的なゴールは文化が承認する成熟、すなわち多くの場合、結婚と見なされている。だからこそ、教育期間を終了した以後も、家を出ていかない「パラサイト・シングル」たちは、たとえ経済的に自立可能でも一人前とは見なされない。そもそもシングルにあてられる「未婚」という用語自体が、結婚を前提に待機中の過渡期の存在に対して与えられる用語である。

このところ、少子化現象の原因としてやりだまに挙げられる「晩婚化現象」という表現も、遅かれ早かれいずれ誰もが結婚するという前提に立っている。だが、晩婚化現象をひきおこしている人々のなかで、生涯シングルのまま生きる人々が増加すれば、晩婚化は非婚化となる。そうなればシングルとは、人生の移行期に対して与えられた名称ではなく、たんなるライフスタイルのひとつとなる。

ところでほんとうにこれまであらゆる人々が遅かれ早かれ結婚してきたのだろうか？近代化とともに婚姻率が上昇することはよく知られている。工業化と都市化は、農村にいたままでは結婚できなかっただろう二、三男に世帯を持つ可能性を与えた。日本の累積婚姻率（40歳までのうちで一度でも結婚したことのある人の比率）は、１９６０年代の半ばに男は97％、女は98％に達した。おおよそ１００％にのぼるこの数値は、全員結婚社会（皆婚社会）をもたらした。だから今でも若い人の顔さえ見れば「まだ結婚しないの？」と口癖のように言う年輩者がいるとすれば、その人たちの「常識」は、60年代で凍結していると言ってもよい。この数値はいったん１００％近くに達したあと、低下に転じたから、わたしはこれを「瞬間最大風速」と呼んでいる。

それ以前、前近代社会には、生涯非婚者が人口の2割近くいたことがわかっている。階層上昇婚の制度のもとでは、身分の高い女性と低階層の男性もまた結婚しなかったし、聖職者も結婚しなかった。女性にとっては結婚を避ける戦略として尼になる選択肢もあった。武家でも農家でも二、三男は、婿養子にでも行く以外には、結婚の可能性が低かった。あたりまえのことだが、婚姻の不在と性関係の不在とはまったく連動しない。結婚しない男女も性関係を持っていたし、そこから婚外子が生まれることもふつうだった。また江戸の遊里は、大量の独身者たちのためにできたようなものだった。ほんの少し前まで、日本には独身者たちがあふれていたのに、いつからすべての男女が結婚すると考えられるようになったのだろう？　近代家族のもとでは、一夫一婦制が成立し、性関係は婚姻のもとに封じこめられる。身分制社会では重婚（権力者による女の独占）があたりまえだったから、近代家族のもとでの単婚制を「女の平等分配」とか「結婚の民主主義」とか呼ぶ人もいる。それが成立したのはほんの近過去のことにすぎない。

シングルとシングル・アゲイン

さてすべての人が文化が承認する成熟、すなわち結婚をゴールとしないとなれば、結婚していない状態、すなわちシングルは、成熟への過渡期ではなく、ライフスタイルの一種にすぎなくなる。そのうえ、結婚すら、もはやゴールとは言えない。結婚したあとにも、離婚によってシングル・アゲインとなる可能性が高くなった。結婚の安定性は低下し、もはや「永久就職」と言われるような一生ものではなくなった。明治期までは離婚率も高く、庶民は離婚、再婚をくり返していた。

結婚のスタイルも多様化した。同居しているのに届け出をしない事実婚カップルがいる一方で、最初から別居を前提として結婚するカップルもいる。別居結婚は、保守的なカップルにとってすら、今やあたりまえの慣行となった。外国や地方に転勤を命じられたサラリーマンのうち、単身赴任を選ぶ人たちは多い。離婚を前提の別居もあるし、家庭内離婚もある。法律婚の有無だけでは、カップルが同居しているか否かさえ、判定することがむずかしい。国勢調査は、戸籍や住民票によらない徹底した現住所主義を採用しているが、２０００年のデータでは、夫婦と子どもからなる世帯は31・９％へと低下した。これに夫婦のみの世帯を加えると約50％。他方で、単身世帯とひとり親世帯は急増した。

それに加えて超高齢化社会の到来がある。２０００年の平均寿命は、女性85歳、男性78歳に達する。平均初婚年齢は女性27歳、男性29だから、婚姻期間は約半世紀に及ぶ。結婚を一生ものと見なした時代には、夫婦関係の継続期間は平均して約30年、金婚式を迎えるカップルは多くなかった。

平均出生児数はふたり以下。子育て期間は20年前後だから、親業を卒業したあとの期間の方が長くなった。夫が60歳で定年を迎えたとして、その後が約20年。夫婦関係の危機は、ポスト育児期、空の巣期、夫の定年など、いくつかの節目があるが、それをのり超えて夫婦関係が継続するにはそれなりの理由がいる。ライフステージの変化にともなって、パートナーに求めるものが変われば、家族をリストラしてパートナーを取り替えるほうが早いかもしれない。

離別だけでなく、死別の可能性もある。夫妻の年齢差と平均寿命のジェンダー差から言えば、女性は夫の死後、9年間はシングルで生きることになる。これはあくまで平均値だから、もっと早くに夫に死別する女性もいれば、逆に妻に先立たれる男性もいる。偕老同穴の理想を持っていても、それが実現することはむずかしい。長生きすれば、だれもが生涯の最後をシングルで迎えることを覚悟しなくてはならない。

人生100年時代。たとえ結婚したとしても、人によってはシングルでいる期間の方が、カップルでいる期間よりも長い場合もある。まして子どもと同居している期間は、人生の4分の1程度にすぎない。そうなれば、シングルの時期、カップルの時期、「家族する」時期は、時間的には人生のそれぞれの過渡期であり、またライフスタイルの上からは多様な選択肢のひとつとなろう。

近代家族の解体と性革命

全員結婚社会の成立の背後には、近代家族とそれを支える性規範、すなわち愛・性・結婚の三位一体を謳うロマンチックラブ・イデオロギーがある。うらがえして言えば、その終焉には、近代家族の解体をもたらす性規範の変化、すなわち愛・性（および生殖）・結婚の三位一体の結びつきが緩む性革命が関与している。性革命といえば、フリーセックスやスワッピングなどと耳目をそばだたせるトピックのように思えるが、人口学的には、ある社会が性革命を経過したかどうかを測る指標には、はっきりしたふたつの統計指標がある。ひとつは離婚率の増加、もうひとつは婚外子出生率の増加である。前者は愛と結婚の分離の指標だし、後者は生殖と結婚の分離の指標である。つまり離婚・再婚の増加は、結婚のあとにも、結婚の外にも、恋愛が成立することを示すし、婚外子の増加は、結婚とは独立に、親になることが可能になる選択を示す。

愛と性とはそれ以前からとっくに（主として男性の側で）分離していた。というより、近代家族規範は、初めから男性のルール違反を前提したうえで、主として女性の側がそれを守るという二重基準を組み込んで維持されてきた。70年代の性革命以降の各国の性行動調査を見ると、どの国でも女性の性行動の変化の幅が、男性のそれより著しいが、それは女性の性行動が「男性化」したことを表している。つまり主として女性の側がルールを守ることによって維持されてきた近代家族は、女性の変貌によって、その維持がむずかしくなったのである。

以上の変化は、結婚による性と生殖の独占状態を解消した。結婚してもしなくても性生活は持てるし、結婚してもしなくても親になれる。このような社会が、シングルにとって生きやすい社会であることは言うまでもない。かつては結婚が性生活を開始し、親になるためのライセンスだったが、もはやそういうことはなくなった。しかも時代を遡ってみれば、そのような社会は、比較的最近に成立し、かつ短期間しか続かなかったと言える。

「おひとりさま」の時代

2004年のベストセラーに酒井順子の『負け犬の遠吠え』(1)がある。それによれば、どんなに職業と収入があろうとも、結婚して夫と子どものいないシングルの女性は、人生の「負け犬」である、という。この本は、メディアで「負け犬」論争をひきおこしたが、著者の意図はそこにはなかった。それより最初から、「負けて」みせることで、結婚をめぐる「勝ち組」との競争を降りる、狡猾な戦略だったはずだ。その証拠には、メディアがたきつける「論争」とはうらはらに、「負け犬」を自称する人々が、結婚を目標とする可能性はほとんどないからである。

早婚社会アメリカでは、30歳の時点でシングルを維持している女性が、その後の人生で結婚する確率は、人工衛星がニアミスをする確率より低い、というシミュレーションがある。つまり結婚をするべき人は30歳までのあいだにとっくにしており、この人々は離婚率を押し上げながら、性懲りもなく、離婚・再婚・再々婚をくり返すことがわかっている。結婚を好きなひとは、失敗しても何度でも結婚するし、そうでないひとは一度も結婚しない、すなわち結婚とは趣味の問題だとも言えよう。

酒井さんに限らない。職と収入があり、自分でローンを組んで分譲マンションを購入するようなシングル女性の多くが、この先結婚する可能性はいちじるしく低いだろう。それはたんに「引っ越しがめんどうくさい」という理由だったり、「ひとり暮らしに慣れて、他人と暮らすのがおっくう」になったという理由だったりする。だからと言って彼女たちに、恋愛や性生活がないとはかぎらない。多くの男性たちにとってと同じように、恋愛もセックスも、彼女にとってはそれによって人生を根こそぎ変えるようなものとはもはやならない。

こういうことが可能になるのは、女性に経済力がついたからである。別の言い方をすれば、結婚が女性にとって生活保証である必要がなくなったのである。結婚が女性にとって「永久就職」と呼ばれていた時代には、結婚はまず何よりもそれなしでは暮らしていけない生活保障財であった。だが、女性に経済力がつけば、結婚は、それがあれば暮らしに潤いがもたらされる一種のぜいたく品へと変貌する。そうなれば結婚相手への期待の内容も変わる。この女性たちはかならずしも確信犯シングル主義者ではないことがわかっているが、パートナーへの期待水準を下げて妥協しようとしないから、その結果、晩婚化・非婚化が進行する。

　こういうシングル女性のふところを当てにしたマーケットが登場した。「おひとりさま」市場と言われるものである。牛窪恵・おひとりさま向上委員会著の『男が知らない「おひとりさま」マーケット』[2]や、岩下久美子著『おひとりさま』[3]などのマーケティング本が次々に刊行された。この人たちはグルメもおしゃれも経験していて、目も舌も肥えている。身銭を切ってのみくいするから、鑑定眼もきびしくなる。こういう女性客のひとりが、有名寿司店を探訪したドキュメントがある。湯山玲子さんの『女ひとり寿司』[4]である。ファミレスやレストランの孤食があたりまえになった今日、おんなひとり客をよせつけない最後の男の聖域がすしやのカウンターであると、湯山さんは考えた。これを読めば、もはや蘊蓄の点でも経済力の点でも、彼女に匹敵するパートナーは、おいそれとは見つからないだろうことがわかる。この人たちは、男に頼って高級レストランに連れていってもらうよりは、自分のカネでのみくいすることを選んだ女性たちだ。ある女性は、グルメ探訪をする際には、男のふところ具合を気にして店を選ぶ制約が大きいので、女友だちを誘う方がずっと気楽だと証言する。

「負け犬」のなかには、不良債権化する可能性のある人々もいる。シングルであることを、結婚までの移行期と考え、ばくちのような結婚の可能性に賭けることで人生設計を先延ばしにしている人々だ。このなかには、パラサイト・シングルやフリーター、アルバイトや派遣労働のような非正規労働に就いている人々がいる。労働経験の蓄積やキャリアの発展の可能性、雇用保証や昇進などを伴わない、使い捨ての労働力として就労しているこれらの人々の問題点はつとに指摘されているが、男性の場合とちがって女性の方が、こういう「移行期」に対して社会的な許容度が高い。だがこの「移行期」にはタイムリミットがある。親にパラサイトしていられるあいだはともかく、親が要介護状態になったり、親に先立たれたりしたあとはどうなるのだろうか？　女性のなかには、40歳になって結婚の可能性がなくなったと思ったときに、初めて親の老後を含めた、自分自身のライフプランを考えた、という人もいる。その時になって手遅れにならないことを祈るばかりだが、その点でも日本の社会が何歳からでも再出発できるフレキシビリティを持つことが望ましい。

所属無用のフリーランス社会

だが、フリーター的な生き方を、「正社員になる」までの移行期と考える見方も、「未婚」状態をモラトリアムと考える見方と連動している。男なら「正社員」に、女なら「結婚」することを「あがり」と見なす考え方は、男なら組織に、女は組織に所属する男性に、それぞれ所属することをもって「社会的成熟」と見なすことを意味する。それは就職が「就社」と呼ばれ、結婚が「永久就職」と呼ばれた時代の産物であり、生涯にわたる雇用の安定性と、結婚の安定性、そして組織や異性への所属が、人生の途上で非可逆的な移行であるという考え方を前提している。だが、エコノミストの森永卓郎さんがいうとおり、終身結婚制は終身雇用制と結びついていた。だが、終身雇用を含む日本型経営は、今では経済成長期にのみ可能だった、歴史的に一過性の雇用慣行にすぎないことがあきらかになっている。雇用の安定性が崩れた現在、「就社」はもはや終身契約を意味しない。就職してもさっさと会社を辞める若者もいるいっぽうで、忠誠を誓った企業が倒産したり、リストラされたりする可能性もある。そうなれば、「非正規労働者」であることを、正規雇用を獲得するまでの「移行期」と考えることはできなくなる。

フリーターのなかには、フリーランスの労働者や自営業者がいる。自営業とは、英語で

self-employedという。すなわち自分で自分の雇用主となる、自分のほかに上司のいない働き方だ。彼らはひとつの組織に所属せず、雇用関係ではなく、契約で仕事を請け負う。それどころか、リスク分散のために、ひとつの契約先に過度に依存することを嫌う。昔から職人や専門職の人々は、こういう独立自営の働き方を選んできた。そしていくつものクライアントから収入源を確保することで、ひとつひとつの収入源は生活を維持するにじゅうぶんではないが、それらをバランスよく組み合わせることで生計を維持してきた。こういう家計は、一人もしくは複数の家族構成員による、こまごました収入をかき集めることで成り立つ「持ち寄り家計」とも言う。世帯主のシングルインカム・ソースで成り立つ家計は、「大黒柱」がこけたら、みなこけるが、「持ち寄り家計」は、世帯のリスク管理でもある。「大黒柱」に世帯員を依存させることで保つ家族の凝集力もあるだろうが、「持ち寄り家計」になれば、それはそれで家族の凝集力が高まる、というのがわたしの予測である。そうなれば、世帯の構成員が互いに助け合わなければ、ゆとりのある生活水準が維持できないことがはっきりするからである。

不況になれば、労働統計のなかで、自営業者の比率が上昇する傾向がある。考えてみれば、人生の大半を組織に預けることで、たったひとつのインカム・ソースで生計を成り立たせることは、歴史的に考えても特殊なばかりか、リスクの大きい生き方とは言えまいか？

同じことは結婚についても言えるだろう。性的な終身契約をたったひとりの異性と結ぶことで、生涯にわたる生活保障が得られると考えられた時代のほうが、異常でかつ一過性のものだったとも言える。結婚を「あがり」とする社会は、愛・性・結婚の三位一体を結婚契約のなかに封じ込めることで、パートナーに対して過度の要求水準を課してきた。ときめきを覚える恋人であり、経済力のある夫であり、子煩悩な父親であり、かつ性的な満足をベッドで供給してくれる異性であることをたった一人のパートナーに求めるなど、どだい無理な注文ではないだろうか。

終身雇用制の崩壊が、組織に所属しない労働のフリーランス化をもたらしたとすれば、終身結婚制の崩壊は、特定の異性に所属しない性愛のフリーランス化をもたらす。そうなれば、シングルであることを「未婚」と呼ぶ人はいなくなることだろう。

〔参考文献〕

（1）酒井順子『負け犬の遠吠え』講談社、二〇〇四
（2）牛窪恵、おひとりさま向上委員会『男が知らない「おひとりさま」マーケット』日本経済新聞社、二〇〇四
（3）岩下久美子『おひとりさま』中央公論新社、二〇〇一

（4）湯山玲子『女ひとり寿司』洋泉社、二〇〇四

11　女はあなたを看取らない

「お願い、助けて」

『おひとりさまの老後』という本を書いた。帯には「結婚していようがいまいが、だれでも最後はひとり」とある。それが共感を呼んだのか、おかげさまでよく売れている。

そのあとがきにこんなふうに書いた。「もうシングルの老後は怖くない。なぜってすでにシングルの老後を生きている先輩の女のひとたちが、暮らしの智恵を蓄積しておいてくれたおかげで、わたしたちは不安を持たずに老後を迎えることができる。もしできなければ最後の女の武器がある。『お願い、助けて』と言えばよい。」

結びの3行はこうである。

「なに、男はどうすればいいか、ですって？

そんなこと、知ったこっちゃない。

せいぜい女に愛されるよう、かわいげのある男になることね。」

読者の男性から、クレームを受けた。「せっかく、この本は男が読んでも役に立つ本だと思って読んできたのに、最後の3行で突き放された思いがした。再版の折にはこの3行を削除してくださらないか。」

すでに15刷を重ねたが、最後の3行はまだ残っている。

増える男性の「おひとりさま」

超高齢化社会では、長生きすればするほどシングルの老後が待っている。

男性はこれまで、それを他人事と思ってきたふしがある。自分のほうが女房より先立つのだから、シングルになるのは妻のほうで、オレには関係ない、と。

データを見ると、それが根拠のない思いこみであることがわかる。

65歳以上の高齢者の有配偶率（2000年）は、男性で83・1％、女性で45・5％。平均寿命は男性77・64歳、女性84・62歳だが、65歳まで生き延びた男女の平均余命はもっと長く、男性17・43歳、女性22・44歳。

加算すれば男性82・43歳、女性87・44歳となる。高齢期に入ったひとには、それまで長生きしてきた実績があるということだから、平均寿命よりも長く生きる可能性が高くなるからだ。

平均ではなく中央値でいうと男性80・66歳、女性87・39歳。中央値とはその年齢に達したときに半数が死に、残りの半数が生きている年齢のことだ。確率で見ると、80歳に達したときに生存している割合は男性で52・2％、女性で74・4％。男の半分が生き延びており、女の4分の3が生きていることになる。

80歳以上の有配偶率は男性が71・4％、女性が17・0％。裏返すと80歳以上の男性の10人に3人、女性の10人に8人は配偶者がいない。しかもこのひとたちの独居傾向は強まっており、80歳以上の高齢者の単身世帯率は34・6％、そのうち男性単身世帯が18・5％、女性単身世帯が81・5％、約6世帯に1世帯は男性単身世帯である。このなかには配偶者がいても別居しているケースも含まれる（『少子高齢社会総合統計年報二〇〇二年版』生活情報センター刊）。

それだけではない。後続する世代には高齢シングル予備軍がいる。２０００年の40〜44歳の男性非婚率は18・3％、これに死別と離別を加えると23・7％、約4人に1人は配偶者がいない。男性の非婚率と離婚率とはその後も上昇の一途をたどっており、これらのひとびとが高齢期に入るまでに配偶者を見つけたり、再婚したりする可能性はいちじるしく低いから、この中年シングルはこのまま高齢シングルになだれこんでいくだろうと考えられる。

数字をいっぱい並べたが、言いたいことはかんたんなことだ。高齢シングル問題は、女性問題であるだけでなく、男性問題でもあるということ。そして高齢シングルの女性問題は主として貧困だが、男性問題は貧困に加えて、生活無能力、社会的ネットワークからの孤立と、問題はもっと深刻だろう。

夫はストレス源？

妻がいればOKとは限らない。２００７年2月11日付『朝日新聞』でエアコンのダイキンが調査したデータを紹介しているが、それによれば結婚20年以上の夫婦のうち、夫がいるとストレスを感じる妻が4割、夫では2割。せっかく「偕老同穴」と、共に年齢を重ねてきても、お互いがストレス源になっては、ひとりでいたほうがましかもしれない。

年齢をとれば男性シングルは希少資源になる？　と思わされるのが、高齢になるほど低下する男性の性比だ。64歳までは男性がやや多いが、65歳以上になると女性１００に対して男性73・1、65歳から74歳までの前期高齢者で87・4、75歳以上の後期高齢者になると58・1、男性1人に対して女性1・7人。これならハーレム状態だと喜ぶ向きもあるかもしれない、と指摘すると、同世代の男性は「ばあさんにもててもなあ」とのたまった。この自己チューの世界観が男性の脳天気さの原因だが、実際には、シングルになった高齢男性の再婚の可能性は高くない。というのはシングル・アゲインの女性たちは、ほとんどが「結婚は1度でたくさん」と思っているからだ。それに自分自身も年金生活者（ほとんどの既婚女性は夫を看取った後、遺族年金を受給している）になった女性は、いまさら生活保障のために再婚しなくても暮らしていける。年下の世代の女性たちは、人口学的に払底しているのみならず、介護要員としてあてにされることを喜ばない。もちろん「女はカネについてくる」と豪語したホリエモンみたいに、高齢男性でも資産がありさえすれば、再婚の可能性はある。だが、「高齢者予備軍」の子世代が「親の恋路」の邪魔だてをする。母親でない女が父の最晩年に相続に介入するのをいやがるからだ。日本の相続法は配偶者に2分の1と妻の権利に手厚い。結果、老婚の多くは法的届け出をしない事実婚となるが、そうなれば、女にとっては介護したあと放り出される可能性もある。

老婚を取材してわかったのは、出世や子どもの成長などの「将来への投資」を考えずにすむ「老いらくの恋」は、「現在の歓び」だけがすべてのほんものの純愛であること。事実、法律婚にこだわらない同居や、別居しながらの通い婚など、ラディカルな結婚革命は、高齢者のあいだで起きている。それならなおさら、高齢男性には「愛される資質」が必要だろう。

子どもはいないか、いても同居してもらえない。手のかかる男性高齢者は女性高齢者より同居をいやがられる。配偶者に先立たれたらその後はひとり、の覚悟が男性にも必要なのだ。

わたしの父がいい例だ。妻がいなくては靴下ひとつ探せない生活をしていた父は、番狂わせで妻に先立たれた。母は父より1日でも長く生き延びたいと願い、わたしたちきょうだいもそれを祈るような思いでいたが、かなわずに先立った。母の側では、こんなに手のかかるむずかしい夫を看取ってから逝きたいという責任感と、1日でも夫から解放されてはればれと過ごしたいという思い、子どもの側では母が残るならともかく、めんどうな父親にひとり残されてはかなわない、という事情があった。それから10年、ひとり暮らしを耐え抜いた父の晩年は、孤独と不如意、寂寥の10年間だったと思う。自分で蒔いたタネ、とも思ったが、同情しなかったわけではない。

男性介護者の増加

これまでの「常識」では、夫婦がそろっている限りは夫婦世帯で暮らし、どちらか片方に先立たれると子世帯と同居する、それは妻のほう、と決まっていた。だが最近の高齢者世帯の動向をみると、①夫婦世帯の一方に先立たれても子世帯と同居せずに単身世帯を維持するケースが増え、また②妻が先に要介護状態になったり先立たれたりする夫の数も増えた。「妻は看取り要員」、だから「じょうぶな女房をもらったんですよ」と言い放つ男性もいるが、だからといって「番狂わせ」は避けられない。このところ子世帯との同居率がいちじるしく下がり、高齢者夫婦世帯が増えたが、夫婦がそろっているあいだは夫婦で助け合って子どもの世話にはならない、という「夫婦介護規範」が定着し、妻の介護を担う夫が増えている。それが「家族介護者」のうちの男性比率を押しあげている。

『論座』8月号が「男の介護」の特集をしているが、現在家族介護者のうちの男性比率は約30%。大阪府下の高槻市長が「市長に代わりはいるが、妻にはわたしの代わりはいない」と名言を吐いて、市長を介護退職した「美談」が伝えられているが、「男の介護」にニュースになるほどの希少価値はもはやなくなった。男性介護者の実態調査によれば、その多くが、家事能力や介護能力の低さに悩み、社会的孤立や援助者の不在に苦しんでいることがわかっている。その裏返しのケースでは、「男らしく」職業的な能力を発揮して、妻の介護に達成目標や課題を掲げ、ネットワークを活用して社会的資源を動員し、「思いどおりの介護」を妻に強いる例もあることが知られている。一見、愛情からに見えるが、実は自己満足。こういう「思いこみ介護」の最大の被害者は介護される妻である。

介護の過剰も介護の放棄も、当事者にとっては共に「不適切な介護」。どちらにしても被害者は要介護者である。男性介護者の困窮についてはしだいに知られるようになったが、そのツケは「介護虐待」としてあらわれる。介護殺人も介護虐待も、その8割までは男性が加害者で女性が被害者。「高齢社会をよくする女性の会」の代表、樋口恵子さんが言ったせりふ、「長生きすると、妻は夫に殺される確率が高くなる」は、ジョークではない。

「生涯現役」思想のツケ

数字であげたように老後は長い。しかも、人間はゆっくり死ぬ。高齢者が死ぬ前に寝たきりになる平均期間は約8・5ヵ月。手厚い介護をすればするほどこの期間は延びる。介護することもされることも、人生の射程にいれなければならない時代が来たようだ。だがどうやらこの国には、PPK（ぴんぴんころり）と言って、介護されることを忌避する考えがはびこっているようだ。ぽっくり逝くのは突然死といって、変死の一種である。

高齢化を論じるシンポジウムで、市場万能主義者のネオリベ派エコノミストと同席したときのことだ。壇上で彼が「ボクの理想の死に方は……」と切り出したのに、聞き耳を立てた。「……ある日ゴルフ場でぽっくり逝くことです。」

これにはあきれ果てた。この発言は、「ボクは老いることや現役でなくなることを、考えたくもない」と翻訳できる。ところは高齢社会を論じるシンポの席上である。こういう老いることを拒否する思想の持ち主が、ネオリベ改革の推進者なのか、これでは弱者に理解がないはずだ、と納得した。

このところサクセスフル・エイジングというアメリカ生まれのことばも流行っている。「成功加齢」と直訳して流行らせようとしているひとのひとりに、ご自身も成功加齢者のモデルのような日野原重明さんがいる。ジェロントロジスト（老年学者）の秋山弘子さんによれば、「サクセスフル・エイジング」とは「中年期を死の直前までひきのばすこと」。言い換えれば、老年期を経験しないこと、つまり老いを拒否する思想と考えてもよい。こういう考え方は、老年フォビア（恐怖）、エイジズム（高齢者差別）のあらわれである。年齢をとってまで成功か失敗か、とつきまとわれるのかと、鼻白む思いがする。いかにもアメリカ的なこんな思想を、日本に広めてほしくはない。

日本語には「生涯現役」ということばがある。日野原さんは幸運にも、ご自身が医者という定年のない職業に就いておられるが、定年で「おまえはもうこの職場に要らない」と放り出される多くの男女はどうすればいいのだろう。

高齢者団体（２００７年現在会員50団体）をネットワークした高連協（高齢社会ＮＧＯ連携協議会、共同代表・堀田力／樋口恵子）の最優先課題は、高齢者の就労問題だという。年金だけでは食えない、という高齢者の家計の切実さはわかるが、多くは男性高齢者の第一の希望が

「もっと仕事を」というものであると知るのはせつない。

高連協の主体は前期高齢者。日本にはまだ後期高齢者を中心とした利益団体はない。だが10年もすれば、前期高齢者も後期高齢者になる。要介護の割合が増えるのはそれからのことだ。「生涯現役」の思想で生きてきたひとが、そうでなくなったときの、自己否定感は想像にかたくない。右肩上がりの人生を信じてきたひとは、じぶんの信念にしっぺがえしをされるだろう。

「見たくない、聞きたくない」では済まされない老後の現実

老いるとは、弱者になること。昨日できたことが今日できなくなり、今日できることが明日できなくなる。前線から撤退し、戦線を縮小し、他人から忘れられ、下り坂の人生が待っている。後遺症がのこるような脳梗塞になれば、中途障害者の暮らしが始まる。他人の助けがなくては、排泄も入浴もままならなくなる。

男性を見ていて思うのは、自分が弱者になる将来を見たくも考えたくもない、という思考停止が多いことだ。さんざん数字を挙げて証明してきたのは、あなたがどんなに見るのを拒絶しても、現実は目の前に来ていること。それなら目を開けて現実を直視し、対応を考えたほうがよい。社会学はタテマエからではなく、現実の変貌から出発するリアリズムの経験科

学である。

要介護状態になっても長生きできるのは、文明の恩恵である。栄養水準、衛生水準、医療水準、介護水準の高い社会だからこそ、寝たきりになっても長期にわたって生きられる。それを言祝ぐかわりに呪わなければならないとしたら、なんと情けないことだろうか。鶴見和子さんは脳梗塞で半身不随になってから10年間生きた。倒れて後の年月を、「回生」と呼んだ。その和子さんは、お父さまの鶴見祐輔さんを14年間にわたって介護した。わたしの父は末期ガンでベッドから離れることができない状態になってから、15ヵ月間生きた。褥瘡ひとつない状態で肺炎も起こさなかったのは、病院の手厚い看護のおかげであった。免疫学者の多田富雄さんは、やはり脳梗塞で後遺障害が残る身体になってから、要介護当事者でなくては言えない、社会的に重要な発言をつづけておられる。

「こんなにしてまで生きていなくてはならないのか」という問いとの闘いの中で、「こんなにしてでも、生きていてよかった」という日々を迎えることもできる。認知症でうつらうつら生きている高齢者を見て、グループホームの見学者が、「先生、こんなになってまで生きていなくちゃいけないものでしょうか」とたずねた話をある医者がしてくれた。「ごらんなさい、あの人たちは、口からものを食べていますね。食べる気力があるあいだは、生きる意欲があるのですよ」というのが、彼の答だった。高齢者とは死にかけているひとのことではない、生きつづけているひと、最後まで生きようとしているひとのことである。

それなら、ひとりで、他人の助けを受けて、安心して老いていけるしくみがつくれないか。弱者になっても、弱者のままで、尊厳を保ちながら、最後まで生きぬくための支えがあればよい。それがわたしの研究課題となった。家族に頼れない「負け犬」の老後を考えることは、すべての「おひとりさま」の安心できる老後を考えることにつながった。

カネでよい介護は買えない

経営者団体に呼ばれて、高齢社会の話をすることがある。冒頭に挙げたような数字をこれでもかと示して、危機感をあおる。もちろん「脅し」の意味もある。そういうときに、終わってから決まって出てくる反応がある。

「やっぱり、老後に頼りになるのはカネ、ですねえ……」

そういうつもりではなかったのに。

介護の研究のなかでわかったのは、介護サービスの商品市場では、市場淘汰が働かないことだ。つまり価格と商品の質とが連動しないことだ。高いカネをはらったからといって、かならずしも高齢者にとってよい介護が得られるとはかぎらない。というのも、多くの介護サービスの購入者は、家族であって、要介護高齢者本人ではないからだ。

じぶんが要介護状態になったとき、ほんとうにほしい介護はどうやって手に入れるか？介護保険のもとでも、サービス提供事業者はピンからキリまで。コムスンのような不祥事を起こす企業もある。

先進ケアで全国的に有名なモデル施設をたずね歩いて、わかったことがある。「よい介護」と言われるサービスは、「モラルの高い労働者」が「低い労働条件」のもとで働くことによって支えられている、ということだ。この担い手の「モラル（士気や意欲）」は、高齢者の役に立ちたい、喜ぶ顔が見たい、という「志」によって支えられている。わたしが介護事業体として民間営利企業ではなくＮＰＯのような市民事業体に期待するのはそのせいなのだが、「よい介護」はカネさえ出せば手に入るとはかぎらないのである。

そして「モラルの高い労働者」には、それ相応の報酬を保証したい。介護が「まっとうな仕事」として誇りを持って継続できるような職業であってほしい。介護とはサービスを与える人と受ける人の二者関係によってはじめて成り立つ仕事だ。そのうち一方だけが満足することはありえない。ハッピーな介護者でなければハッピーな介護はできない、これは育児にも介助にもあてはまる「真理」である。

だとすれば、「志」型の民間非営利事業体に増えてもらいたいし、そういう団体に持続可能な経営が可能になるようなしくみをつくりたい。けっしてそれが不可能ではないことは、各地の実践例を見ればわかる。それがわたしの介護保険に対する希望をつないでいる。

共同研究をした九州の生協系の介護事業体の担当者が、24時間巡回介護で、単身世帯の高齢男性の看取りをやりとげた。

「上野さん、わたしたち、やったよ!」

と息をはずませて報告してくれた彼女たちを思い出すと、ああ、このひとたちにならわたし自身の老後を託せる、という思いになる。

友人の研究者が、しみじみとわたしに言ったことがある。

「あなたは質のいいひとたちと関係してるんやねえ。だから介護保険に希望が持てるんやね。」

介護保険制度には数々の問題もあるが、それでもないよりはあるほうが、ずっとよい。今頃になって介護保険制度を改悪したり廃止しようと言い出すような政治家がいたら、その政治生命があやうくなる程度のきびしい監視の目を、有権者は持つべきだろう。

介護することもされることも、他人事ではない……と男性には、とりわけ政策決定者には、思ってもらわなくてはならない。

団塊男の生きる智恵

あるジャーナリストと団塊世代の定年後について話していたときのこと。ポスト団塊世代の彼は、団塊世代の上司たちに対してうらみがあるらしく、いまいましげにこう言った。

「あのひとたちは、何かというと甘えがあって……」

わたしは思わずこう返した。

「あら、甘えがあっちゃ、なぜだめなの？」

甘えられるものなら甘えるのも能力のうち。それを受けいれてもらうのも器量のうちだ。甘えたいのに甘える相手がいないのは惨めだが、それもそれまでそういう関係を築いてこなかった自己責任。甘えることも知らず、弱音を吐くことも自分に禁じて過労死や孤独死を迎えるのは、かわいそうだが、自分で蒔いたタネである。ひとり暮らしなら、孤立をさける人間関係のネットワークを維持することは必要条件である。

「なら、どうしたらいいんです？」と問う彼に対する答はこうである。

だれにも頼らずにひとりで生きていくというならそのスキルと覚悟が、そうでないなら他人の助けを調達する技量と助けてもらうことを受けいれる雅量が、そのどちらかが男性にも必要だ、と。そして前者にあてはまるほど強いひとたちは男女ともにそう多くはないのだから、弱者となった自分を受けいれるための智恵とノウハウがこれからの高齢者には必要だろう。

参考文献

中西正司・上野千鶴子『当事者主権』岩波新書　二〇〇三年
上野千鶴子『老いる準備――介護すること　されること』学陽書房　二〇〇五年
上野千鶴子『おひとりさまの老後』法研　二〇〇七年
上野千鶴子「ケアの社会学」『at、あっと』太田出版　二〇〇五年〜連載中

12 「みんなおひとりさま」時代の社会の設計

おひとりさまが増えている

おひとりさまが増えている。少子高齢化の元凶は「結婚しない男女」だと言われている。最初は晩婚化と言われていたが、いっこうに結婚する気配がないものだから、やがて非婚化とも言われるようになった。

未婚も晩婚も、いずれは結婚があたりまえ、今はその待機期間、という考えから来ている。だが日本では累積婚姻率（生涯に一度でも結婚したことのある人の割合）が男性97パーセント、女性98パーセントに達したのが１９６０年代の半ば。それをピークに、累積婚姻率自体が、減少に転じた。この時期を、「全員結婚社会」とか「皆婚時代」とか呼ぶ。この「全員結婚社会」は長くは続かなかったから、わたしは、60年代の累積婚姻率を「瞬間最大風速」と呼んでいる。だから、男も女もいずれは結婚するもの、と思いこんでいる人たちは、高度成長期で「常識」が固まっている、とも言える。

累積婚姻率の対象は、40歳まで。完結出生率（女性が産み終わった年齢における平均子ども数）は50歳まで。生涯非婚率の統計は50歳時のもの。「もはや適齢期のなくなった」現代では、40歳以上の初婚だってありだし、生殖技術の発達のおかげで、60歳の出産だって奇跡ではなくなった。統計カテゴリーの基準を見れば、それができた時代の「常識」がわかる。遅れた「常識」が「非常識」に変わりつつある今日、ほんとうに人口の何パーセントが生涯非婚に終わるかは、その人が一生を終えるまでわからない。前近代には人口の約2割程度の生涯非婚者が男女ともに存在したという。これからの時代、生涯非婚者2割程度は、常態になるだろう。そうなれば「全員結婚社会」のほうが、異常な時代だったことになる。

「シングル・アゲイン」と「最後はシングル」

他方で離婚率も上昇し、シングル・アゲイン組がしだいに増えてきた。離婚者の中では、男性に再婚願望が強く、女性に再婚願望が低いことはよく知られている。男性のあいだでも階層分解がすすみ、結婚資源の大きい男性は容易に次の配偶者をゲットするだろうが、願望を持ちながら再婚を果たせないシングル男性や、シングル・ファザーも数は少ないが、徐々に増えている。それでなくても少子化で自分より年少の世代の女性の数は少ない。先進国の出生性比は男児対女児が105：100だから、いずれにしても男余り現象。男性結婚難の結婚市場は、バツイチの男性にとっては激戦区だろう。

超高齢社会では離別だけでなく、死別も増加する。偕老同穴とはいっても、こればかりは予定どおりにはいかない。老婚斡旋が流行るのも、ニーズが高まっている証拠であろう。高齢化が進むと今度は男女比率が逆転する。65歳以上では人口性比は約1：1・5。これならよりどりみどり、と思うかも知れないが、これも過去のデータによれば男性は高齢になってもあいかわらず年下の女性を求めることがわかっている。看取り要員と考えられているからだろうが、女性の方も、看取ったあとは相手の財産や遺族年金ねらい。資源のない高齢男性はここでも相手にされない。

いずれにしても配偶者と同時に死ぬか、それとも江藤淳さんのように追いかけ自殺でもしない限り、男も女も最後はひとりになることがハッキリしている。しかもそれが配偶者の死後、いつまで続くかは、だれにも予想できない。

シングル単位の制度設計を

それなら、とわたしなどは思う、最初からシングルを単位にした社会を設計したらどうなのか。日本の社会制度は、夫婦に未成年の子ども2人の「標準世帯」をもとに設計されてきた。今ではその「標準世帯」のカテゴリーに入る世帯は世帯構成の3割台にすぎない。それどころか、人生80年時代には、父と母として子どもと過ごす時期は約20年。人生の4分の1にすぎない。夫婦は子育ての「戦友」だが、親業を卒業すれば、夫婦だっていったん解散してもよい。「空の巣」（子どもが巣立ったあとの夫婦のみの世帯を呼ぶ家族社会学の用語）期に夫婦関係をリストラしたいと考えている人や、実際に解散を実行したカップルをわたしは何人も知っている。その時期の後も夫婦関係を継続している人たちは、家族のリストラ期に互いに相手の顔をしみじみ眺めて、「しかたがない、後半生もこの人とやっていくか」と配偶者の再選択をした人たちではないか、とにらんでいる。

結婚生活も多様化してきた。最初から別居を前提に結婚するカップルもいる。保守的なカップルでも、「現代の出稼ぎ」というべき「単身赴任」を経験している人たちは多い。学齢期の子どもを持った男性の転勤は、単身赴任があたりまえ、になった。それだけでなく妻に仕事がある場合には別居も選択肢のうち。妻が夫のもとに子どもを託して転勤する「逆単身赴任」も登場するようになった。たとえ同居していても寝室は別よ、の家庭内別居派、それからお墓には一緒に入りたくない、という「死後離婚」組。年金の離婚時分割制度ができれば、熟年離婚に踏み切る女性も出てくるだろう。

日本の社会政策を男性稼ぎ主型の世帯単位から、シングル単位へと設計変更すべきだ、と主張しているのが、社会政策学者の大沢真理さんだ（『男女共同参画社会をつくる』ＮＨＫブックス、二〇〇二年）。標準世帯がもはや少数化したのだから、現実の変化に合わせて制度設計の変更が迫られるのはあたりまえ。税金も世帯単位ではなく個人単位へ。そうなれば配偶者控除などは当然なくなる。年金も世帯単位ではなく個人単位へ。未婚・既婚のような婚姻上の地位の変動で、年金の受給者資格が変動することもない。「三号被保険者」はなくなり、結婚していようがいまいが、女性にも「私の年金」ができる。

高齢者福祉政策も、見直しが必要だ。現在の介護保険は、家族の介護資源があることが前提に設計されている。「日本型福祉」のもとで「家族は福祉の含み資産」と公言することはさすがになくなったが、それでも亀井静香さんのように「子が親を看る美風」を信じている人たちは多い。通訳しよう、「家族は福祉の含み資産」とは、「嫁さんがいるから公的福祉はやらなくていい」という意味だし、「子が親を看る美風」とは「女房に自分の親の介護をやらせるのが、男の甲斐性」となる。だからこそわたしは、「よい嫁は福祉の敵」と言ってきた。最近では自治体の「孝行嫁」表彰はなくなったが、こんなオヤジにつごうのいい制度をよく続けてきたものだと思う。

介護保険は、ひとり暮らし高齢者を前提に組み立てられる必要がある。世帯構成のうち、減少する核家族世帯に変わって増加しつつあるのが夫婦世帯と単身世帯。ＤＩＮＫＳ（子なし共働き夫婦世帯）や若年単身者が増えているだけではない。その多くを高齢者が占めている。社会変動の担い手は若者ばかりじゃない。今のままの制度では、高齢者のひとり暮らしを支えるにはじゅうぶんではない。障害者の地域での生活を支えるために支援費制度もできたが、これからはどんな障害を持っても、家族頼みではなく、地域で自立して生きていけるためのしくみづくりが必要だ。そのためにわたしは、障害者自立生活運動のリーダー、中西正司さんと共著で『当事者主権』（岩波新書、二〇〇三年）という本を書いた。

単身世帯の増加は内需拡大？

シングルが増えて困ることばかりではない。少子化は日本経済を停滞させると怖れられているが、少子化の一方で、シングルの増加は単身世帯の増加を招いている。人口は減少するのに世帯数は増える、という現象が生じた。高齢者のあいだでも三世代同居は少なくなり、世代間の世帯分離があたりまえになってきた。夫婦がそろっているあいだは別居が原則、同居は配偶者に死別してから、それも同居相手を互いに選び合って、という新しい同居のルールが形成されてきた。

世帯数が増えれば、その結果、住宅需要が増える。それにともなって、家電製品、家具什器類、通信機器の需要が拡大する。人口増だけでなく、世帯数の増加も、内需拡大には大きく貢献する。

毎年春の新入学シーズンに、進学他出する子どもの新生活を準備するのに、平均いくらかかっているか、ご存じだろうか？　データによれば、ひとりあたり約３００万円。個室を与えられて育ってきた子どもたちは、生活水準を落とさないまま、子ども部屋からワンルーム・マンションに移転する。勉学に必需品である机や椅子はもとより、今どきの子どもたちにエアコンは必須、電気釜だけでなく冷蔵庫に洗濯機、パソコンや携帯電話などの通信機器、テレビやオーディオなど音響機器までそろえればあっというまにそのくらいはかかってしまう。ひとりだろうがふたりだろうが、生活のスタンダード・パッケージはなしですまない。パパは単身赴任、ママは持ち家を守り、ボクが都会の大学に進学した３人家族の３世帯には、３台の冷蔵庫……が必需品となる。こういう同居を前提としないエクステンション家族も、世帯数を増やしている。しかも「おひとりさま」需要が、まとめ買いより割高なのはだれでも知っている。

こういうシングル化の経済効果も考慮する必要があるだろう。昔から「ひとりの口は養いがたいが、ふたりの口なら養える」という諺がある。若者たちに結婚させたいなら、兵糧攻めにして、経済圧力によって同居させればよい、と説いたのは、『パラサイト・シングル』

（ちくま新書、一九九九年）の著者、山田昌弘さんだ。裏返せば、人間はゆとりがあれば世帯分離をする。世帯数の増加は、ゆとりの証明でもあり、需要創出でもある、という発想の転換が必要ではないだろうか。

「ひとり」が基本

結婚してもしなくても、「最後はひとり」が基本。と思えば社会制度の設計や生活設計も変わってくるだろう。そうなれば高齢のひとり暮らしの人に対して、「おさみしいですね」は禁句だ。

家族がまわりにいるのがあたりまえの暮らしから、突然ひとりの暮らしに投げ出されれば、そうも言えるだろう。だが、確信犯の生涯非婚者には、自分で選択した結果だから、大きなお世話。それより何より、「さみしい老後」は、家族依存度が高く、家族以外の人間関係を築いてこなかった人たちの「自己責任」とも言えよう。おひとりさまのキャリアたちは、ひとり暮らしのノウハウを蓄積してきている。そのなかには、家族以外の多様な人間関係のネットワークがある。

結婚の目的のひとつに「老後がさみしいから」と言われる。また高齢者にとって配偶者喪失は深刻な体験でもある。だが「ひとり」の孤独より、「さしむかいの孤独」の方が、場合によってはもっと耐え難い。配偶者喪失が立ち直れないほどの打撃になるのは、それまでの配偶者依存が大きすぎたせいでもある。「ふたりぼっちの孤立」のなかに生きるより、「あなたがいなくなっても生きられる」と人間関係のリスク分散を図るのも、おひとりさまのノウハウのひとつだろう。

冷たい、とお思いだろうか。わたしは人間にとってもっとも基本的なことを言っているつもりだ。「あなたが死んだら、わたしは後を追う」と言われてうれしいのは、若いときの恋愛熱のさなか。実際にそうする人はほとんどいない。ほんとうに愛していたら、遺される配偶者に、「わたしがいなくなっても、前向きに生きていってね」と言い残すことだろう。何より、パートナーとは、「ひとりでも生きられる」個人同士が、「ふたりでも楽しめる」と人生の一時期を同行する関係のことではないだろうか。

ひとり暮らしを基本とした、暮らしのノウハウ、人生設計、制度の構築、社会のしくみづくり……が待たれる。そうなったら、今こそおひとりさまのキャリアだと、胸を張りたいと思う。

13 「おひとりさま」が「安心して死ねる介護サービス施設」の探し方

今回の一連の「行方不明老人」事件がもたらした最大の衝撃はなんだろうか。

それは、「家族がいれば安心」という家族神話が壊れたことである。行方不明とされた高齢者のほとんどに「親族がいた」からである。

親族たちは平然と、「出て行ったきり知らない」と言い、中には、「ふすま一枚隔てた隣の部屋で白骨化した遺体になるまで放置した」というケースまであった。

このことを受け、「家族が壊れた」であるとか、「家族介護力が低下した」などと指摘する人がいるが、そうではない。

壊れたのは〝家族幻想〟である。家族そのものは、昨日今日壊れたのではなく、とっくの昔に壊れていたのだ。何十年も前から高齢者が行方不明のままだったことが、何よりの証拠ではないか。

「家族が壊れた」という現実にフタをしていたのは、「家族と一緒なら安心という幻想」だった。そのことが赤裸々に、誰にも否定しようのないかたちで目の前に表われたのが、今回の事件だったと言える。

この「家族幻想」が壊れたことは、多くの人にとってラッキーなことだと私は思う。なぜなら現実を目の前に突き付けられたのだから、幻想を捨てて現実と向き合えばよいからだ。家族頼みでいても、老後の保証にはならない。〝即身成仏〟のケースなどは親族による介護ネグレクトだった可能性すらあり、むしろ「家族と一緒だと、老後の危険が増す」とさえ言える。

だからこそ、私は、「〝おひとりさま〟でいてよかった」とつくづく思うのだ。

「カネより志」で介護をする人は必ずいる

日本には幸い、介護保険という制度がある。介護保険のおかげで、第三者の目が入るようになったことを「家族の闇にサーチライトが入った」と表現したのは評論家の樋口恵子さんだ。

介護保険を利用できるところは活用すればよいが、どうやって介護サービス提供事業者を選べばいいかという問題は難しい。

まず認識しなくてはならないのは「よい介護はカネでは買えない」ということだ。介護保険を使ったサービスは、準市場のもとで、政府によって価格のコントロールがされている。医療が保険によって価格のコントロールがされているのと同じである。医療サービスについては皆さんよくご存じのように、名医とヤブ医者がいる。しかし、どちらにかかっても、医療費の負担は同じ。だから、質の高い医療を求めて患者側は必死に情報収集をする。介護サービスも同じこと。よいサービスは賢い消費者でなければ手に入らない。

探せば、よい介護を提供してくれる事業者は必ずいる。しかし、事業者間の格差は大きく、地域間格差が大きい。

私が見てきた中では、よいケアをしている事業者は、地方都市に多い。要介護となった時に、福祉先進地域に移動してしまうのは一つの考え方だ。私も、いざとなったらスーツケース一つで「死に場所」に選びたいと思う、〝候補地〟がいくつかある。

そういった事業所のほとんどが、市民が興したＮＰＯ系で、共通しているのは「カネより志」という精神だ。その精神をもとに、制度の枠に縛られないケアを実践している。

例えば、宮崎県にある「ホームホスピス宮崎　かあさんの家」。民家を借り上げて運営し、月に計15万円ほどの負担で、24時間の見守り付きのケアを受けることができる。

実際、ここには末期がんで余命3ヶ月と宣告された男性が、はるばる神奈川県から「ここで死なせてくれ」と訪ねてきたケースがあった。この男性は周囲に見守られながら機嫌よく過ごし、1年以上生きて亡くなられたという。

他にも名前を挙げるとすれば、島根県の「なごみの里」や、東京都下の「ケアタウン小平」などは、終末期の医療と介護の連携を実現している。

いずれも、サービス提供事業者やケアマネージャーが、利用者が重度の要介護状態となった後も、最期の看取りに責任を感じ、制度の枠に縛られないケアをしてくれるのが特徴だ。

そういった事業者の最たる例の一つは、富山県にある小規模多機能共生型デイサービス「このゆびとーまれ」だろう。自宅からの通所サービスを提供する事業者でありながら、利用者の最期を看取るところまで面倒を見ておられる。

病院が退院を求めた重度の要介護高齢者を、家族が引き取るのに不安を感じたところに、「このゆびとーまれ」が引き受けて、看取りを実践した。「離れ」にベッドを用意して、添い寝までして看取り、家族から深く感謝されたという。

完全に、制度の枠を超えたサービス提供である。事業所が受け取った介護報酬は、デイサービスの最長利用の10時間分の利用料だけだった。

こういった志ある事業者たちの介護サービスは、介護保険によってなんとかビジネスとして成り立つようになった。

山口県のデイサービスセンター「夢のみずうみ村」も興味深い。ここは軽度の要介護者向けの施設だが、朝、利用者が自分の1日の活動メニューを自ら決める。その選択肢がリハビリからパソコン講習、プールからカジノまで豊富にあるのだ。面白いのは通常ならば女性の比率が圧倒的に高いデイサービスで、男性の利用者比率が高いこと。各自がメニューを決め、つるまずに一人でいても時間が潰せるところが、男性向きにできているのではないか。デイサービスという形態では画期的な取り組みと言える。

劣悪化の流れができている「高専賃」には注意が必要

とはいえ、同じ金額を払っても事業者によって介護サービスはピンからキリまである。この10年間のうちに、「高専賃」[*1]や「適合高専賃」[*2]と呼ばれる高齢者向けの賃貸住宅が、

＊1高専賃　高齢者専用賃貸住宅の略称。高齢者居住安定確保法によって制度化された高齢者専用の賃貸住宅。国が貸主に家賃債務保証制度を設けるなどして、高齢者の円滑な入居を進めた。
＊2適合高専賃　適合高齢者専用賃貸住宅の略称。「高専賃」のうち、床面積や介護サービスの提供など、厚生労働大臣が定める基準を満たしているもの。

急速に増えてきた。高専賃には、訪問介護事業所が併設されていて、介護職員が常駐しているところもあり、食事サービスや介護サービスを受けることができる。学生のワンルームマンションほどの広さで、家賃は月5万~6万円くらい。地方に行けば3万~4万円で借りられる。

「在宅で家族と同居」か「家族がいないから施設」という二者択一から選択肢が増えるのはよいことだが、選ぶ時には気を付けなくてはならない。今、非常に深刻な問題が浮上しているからだ。

第一に、施設の条件が劣悪化する流れができつつある。

例えば、高齢者1人当たりの部屋の面積を狭くする、という動きが各自治体で「地方主権」と「規制緩和」の名のもとに起きている。高専賃の面積基準を緩和し、従来よりも狭い部屋でも認める方針を打ち出している。国交省は、現基準の18㎡(台所や浴室など、十分な共用スペースがある場合)を、都道府県が独自設定できるようにする方針で検討している。

2つ目の問題点は、重度の要介護になった際の「看取り」に対する不安だ。高専賃で住居とセットになる介護や医療は、前に述べたような質のよいサービスばかりではない。

こんな例がある。愛知県名古屋市のある業者は、寝たきり状態で自力では食べることのできない高齢者だけを対象とした高専賃をつくり、そこに病院から退院させた高齢者を引き受けた。入居したのは、家族も引き取らない老人ばかり。しかも、胃に穴を開けられ、管から栄養を入れる「胃ろう」の処置が施されている高齢者だけを集めた。胃に穴を開けて栄養を流し込むだけだから、食事介助の必要はなく職員は手間が省けるし、厨房を維持するコストも節約できる。そこに医療機関から訪問診療に訪れる形で高額の報酬を受け取っていた。

この高専賃の入居者の、介護・医療費の総費用は1人当たり月額平均100万円かかっている。そのうち、利用者本人が負担するのは15万円ほど。残りは医療保険と介護保険で賄われる（この事例については中日新聞社から刊行された『介《たす》け合い戦記』に詳しい）。

何とも気持ちの悪い話である。だが、このように「看取りビジネス」で金を稼ぐ業者が登場しているのも事実だ。

では、ピンからキリまである介護サービスの質をどう見極めればよいのだろうか。

介護サービスを選ぶ時のポイントを三つ挙げたい。

第一に、自分の住む場所の地域包括支援センターへ足を運び、情報を収集すること。

第二に、NPO系で評判になっているところがあったら、自分の目で確かめに行くこと。

第三は、ケアマネージャーという情報源を有効に活用すること。ケアマネは、情報の宝庫だ。だが、当たり外れはある。もし、ケアマネの判断に納得がいかなければ、別のケアマネに代えればいい。利用者は、ケアマネを無料で何回でもチェンジできる。

繰り返しになるが、探せば素晴らしい志を持って介護を提供する人たちは必ずいる。ただし数は多くない。事業者間格差も非常に大きいので、こうしたポイントを踏まえて情報収集をしっかりと自分の目で行なう必要があるのだ。

Ⅳ
「おひとりさま」のセックス

14 この40年間で女のセックスは変貌を遂げたか？

――北原みのり『アンアンのセックスできれいになれた？』（朝日新聞出版、二〇一一年）をめぐって

【対談】上野千鶴子×北原みのり（「ラブピースクラブ」代表）

北原 1970年代初め、上野さんは何をされていたんですか？

上野 大学生です。あのころの『アンアン』は、マキシコートにミニスカートを穿《は》いた女闘士が小脇に抱えて、公安のデポ（偵察）をするときの小道具でした。

北原 カッコいい！ 創刊当初の『アンアン』を読むと、信じられないパワフルさなんです。ウーマンリブを誌面で紹介するくらい反体制です。当時の自由な空気を誌面から感じたのですが、実際、あのころの女性のセックスはどうだったのでしょうか？

上野 1970年ごろまではアメリカやヨーロッパも含め、全世界的に保守的な性規範が主

流でした。女は結婚するまで処女でいなくてはいけない。男に「童貞でいろ」とはどこの社会も言わないんだけどね。処女性が女性の財産であり、価値だったの。そういった状況を怒濤のごとく崩していったのが、このころ世界的に沸き起こった性革命でした。私たちの学生闘争は、性と政がセットになった闘いだったのよ。

北原　「未来はきっと良くなっていく」「男と女はもっといい関係になっていく」と信じていましたか？

上野　ええ、あのころはそう思えていたわね。性革命というのは、確かにひとつの革命だったもの。規範を侵すという意味でも革命的行為でした。

北原　リブの女たちは、性革命のなかで自由でしたか？　セックスを楽しんでいられた？

上野　リブの女は性的にラディカルであると同時に政治的にラディカルであろうともしていた。まるで明治・大正時代のアナーキストが自由恋愛を掲げたように、勇ましく。でもその結果、性的に活発な女は男から「公衆便所」と呼ばれて陰で蔑視されていました。性経験が豊かであることは男にとっては手柄になるけれども、女にとってはスティグマ（社会によって個人に押し付けられた負の烙印）になる。そういうジェンダー非対称性が、はっきりとありましたね。

北原　その構造は今もしぶとくあり続けていますね。〝彼氏の前では慣れてないふりをする〟

なんてことは、20代向けの女性誌では今も伝授しています。いっぽうで、私ヤリマンよと堂々と言う女性も増加中ですけど（笑）。

上野　現在も女性がうぶなふりをするというのは、男性が性経験の少ない女に価値を置く傾向があるからでしょう。その理由は明々白々で、「オレを他の男と比べるな」という心理。ここが昔から少しも変わらないのでしょう。

日本のウーマンリブは何を目指していたのか

北原　ところで、私は、日本のウーマンリブが当時何を目標としていたのか、今ひとつピンとこないところがあるんです。

上野　セクシュアリティを主題にしたのが、リブのそれまでの女性運動にない特徴でした。70年代に女性解放運動が世界同時多発的に起きたとき、日本以外の先進諸国の女性解放運動の最大の獲得目標は中絶の自由でした。中絶の自由は、女のカラダ（子宮）は女のもの、という主張。それまで女の子宮だって女のものじゃなかったんですから。ところが日本ではもともと中絶が容易だった。タテマエは非合法なのに、「経済的理由」の拡張解釈で中絶へのアクセスが簡単な「中絶天国」と言われていました。だから反対に、72年に優生保護法改悪で中絶の制限が厳しくなることに反対したのが、日本のリブのピークとも言える。性の解放はリブにとって中心的な課題でした。日本のウーマンリブのマニフェストともいうべき〝便所からの解放〟は、女性を〝娼婦〟と〝聖女〟に分断して支配する二重基準を告発したのです。男たちは女を妻向きの女とセックス向きの女に二分する。前者には貞淑を、後者には使い捨ての快楽を要求して。

ついでだから加えておくと、この当時、女を〝玄人〟〝素人〟と呼び分ける言い方がありました。その当時、妻たちがどうふるまっていたかというと「玄人女とならなにをやってもかまわない。素人女と恋愛されるのは困る」。そういう時代だったの。

北原　上野さん、そういうことを言う人は、今でもたくさんいます。

上野　……そうね（苦笑）。女にだけ適用される性の二重基準をリブは告発した。リブがラディカルだったのは、この問題の根本に一夫一婦制があるのだということを看破した点ね。

歴史的にも、一夫一婦制という近代家族の形式と、売春などの性産業は同時期に成立している。一夫一婦制は男がルール破りをすることを前提に作られていた。女を妻・母と娼婦とに分断支配したのは近代という時代。リブの女たちは、一夫一婦制が諸悪の根源と考え、「婚姻制度解体」を標語としたの。あの当時のリブはいちばんラディカルだったと思う。

北原　その後、婚姻制度解体の主張はフェミニズムのなかでも沈静化してしまったのですか。

上野　消えていきました。フェミニストを名乗る女たちが雪崩をうって結婚していったから。でもね、この結婚にも理由があると私は思っている。あの当時、男頼みのコンドームという野蛮でプリミティブな避妊法しかなかったせいで、みんなかんたんに妊娠してしまった。日本は婚外子を差別する社会だから、子どもの将来を考えると婚外子にはできないと、シングルマザーを諦め、結婚に逃げ込むのよ。

北原　婚外子差別という点でも、社会は変わっていませんね。

バブル時代を象徴する〝きれいな裸〟

北原　１９８０年、私は小学生でした。近所にセブン‐イレブンができ、電子レンジやビデオデッキといった電化製品も家のなかにどんどん増えていく。豊かになっていくのを子どもながらに肌で感じた80年代前半でした。後半に入ると日本経済はバブル期に突入。86年には男女雇用機会均等法が施行されました。若い女の子も元気に遊び回っていた時代でした。

上野　80年代の10年間、私は女子短大の教師をやっていました。ゼミ生の女の子たちが本音をしゃべってくれるから、面白かったですよ。男のいるところでは変身する。北原さんはバブルの時代の最後の世代なのね？

北原　そうです。バブル期は、ちょうど大学生でした。

上野　そのころの女の値打ちは、性的にアクセスできること、美貌、そして若さ。女性性資源を持っていた人たちは、女を武器にして面白おかしく過ごせた時代だよね。

北原　若くてかわいければ、女の人はお金を払う必要もなかった時代。いい思いもたくさんしたけれど、そのぶん美醜差別にもさらされ、年を取るのが怖かった。ハタチの私は、25歳になったらもう終わりだ、なんて思っていたもの。

上野　当時の若い女性は自分の値打ちが年齢で測られると思っていたはず。女に賞味期限があるってことを自覚していた。その賞味期限はすごく短いということも。

北原　だから怖い時代だったな、とも思うんです。けれど私は、バブル時代の女性の自己肯定感は大好きなんですよ。バブル女がいなければ、世のなかつまらなかったはず。たとえば92年、『アンアン』で「きれいな裸」という読者ヌード特集がありました。〝男のためではない、自分自身のためのヌード〟というもので、篠山紀信さんが読者の裸を撮影しました。私は、今この特集を見ても胸を衝《つ》かれるんです。女性たちが、明るく前向きに裸になっていて。

上野　「若くてきれいなうちに」「私自身の記念に」「裸になって人生を変えたい」。そう言って裸になった。北原さんはこれを肯定的に捉えるけれど、そんなに無邪気なものかしら？
　私は当時この特集を見て、なんて古いんだろうこの人たちは、って思った。ばっかじゃない、裸になるくらいで人生変わるかよ、って。裸になれば自己実現ができるの？　裸ってそんなにすごいの？　裸になれば何かを超越できると考えるなら、それは性を特権化する考えだから、かえって保守的に感じてしまった。

ヌード写真で彼女たちは自分のボティを商品として市場に差し出したわけではないし、確かに男の欲情のためではなかった。では何のためかというと、他者の視線によって満たされるナルシシズムのため。女の体は相変わらず〝視《み》られる〟体であるということを示していたにすぎない。

北原　確かに裸になったくらいで人生が変わるとは思えないし、脱げば自分が何か達成したかのような気になるというのは、古い価値観の裏返しなのかもしれない。でも私にとっては〝ポルノではない女の裸〟というだけで新鮮でしたね。自分の裸は男の性的な対象ではなく自分のものなんだ、ということを改めて言い直さなきゃいけない気持ちになった。裸そのものはエロいものではない、っていうのはとても新鮮だったんです。私も応募したかった！

不況に突入。象徴的だった〝東電OL殺人事件〟

北原　90年代初めにバブルがはじけ、時代は変わります。

上野　「援助交際」という言葉が出てきたのもこのころ。90年代に東京都が男性の買春調査をしたことがあります。その調査では、当時、対価を払うセックスの経験率が最も高かったのはなんと30代男性だったんです。若いでしょ。

バブル期には、40代以上のオヤジたちがバンバン札びらを切りながら、海外旅行や高級レストランに女子大生たちを連れて行っていた。当時はその用語がなかっただけ、考えてみればこれも立派な援助交際なのよね。援交はバブル時代からすでにあったというわけ。

バブル期に女の子と遊べなかった30代のミニオヤジたちが始めたのが、不景気になってからの女子中高生を相手にした援助交際でした。中高生相手なら、フランス料理じゃなくてラーメン1杯でいい。ブランドもののバッグじゃなくて、財布ひとつ買ってやればいい。

北原　面白いのは、バブル世代の女性は今でもおじさんをあまり嫌わないこと。いっぽう援交世代の女性はおじさん嫌いが多い。おじさん嫌いってことは、社会嫌い。そういう意味では、フェミ的な気持ちは援交世代のほうが強い。

テレクラやダイヤルQ２が流行したのも90年代前半ですね。遊び半分の子もいたけれど、「お金が欲しい」という明確な目的のために、本気で電話する女の子たちもたくさんいた。

上野　使用済みパンツを売るブルセラだって割のいいバイトだもんね。このころからいわゆる素人と玄人の境界がなくなっていき、セックスの対価にお金を受け取ることのスティグマがどんどん減っていった。とはいえ、援交世代の女性たちが「私、昔、援交やってたのよ」

なんて堂々と口にするとは思えない。やっぱり世間には隠さなければいけないスティグマなのよ。親バレもスティグマ。親には絶対に言わないでしょう。たいてい、そういう子たちは過去を消して堅気《かたぎ》の結婚生活に入っていくというのがゴールになっている。

北原 お金を受け取ることのスティグマは減っても、性的に活発であることのスティグマは消えない？

上野 ヤリマンが堂々と言えるかどうか、ね。

北原 この時期の象徴的な事件と言えば、97年の東電ＯＬ殺人事件です。

上野 北原さんは東電ＯＬの気持ち、わかる？

北原 いいえ。知れば知るほど、わからなくなります。有名大学を卒業して東京電力という大企業に総合職として勤めるエリートでありながら、渋谷の路上で立ちんぼをやっていた女性。はじめ私は、「ガラスの天井」（組織のなかで女性の昇進を阻む見えない障壁）にぶつかり社内で成功できない悔しさを、女として誰かに求められることで埋めようとしたのかな、というふうにも思いました。でも、資料を読むほど、どんどん彼女が見えなくなってくる。

上野 東電ＯＬには共感する人とそうでない人とに二分される。これは、学歴も年収もプライドも高い、一流会社に勤める女性ですら、女性的な承認欲求からは逃れられなかったという事件で、そこが象徴的だった。

北原　彼女の売春の動機は本当に承認欲求なんでしょうか。性欲と解放感を味わっていた面があったと私は思うんです。

上野　私には彼女の行動が性欲から来ているとは到底思えない。あんな性交渉で快感を得ていたとは思えないもの。男や男社会に対する憎悪があると思う。自分に承認を与えない男に対する憎悪から、売春をする。彼女にとってそれは復讐のようなものでしょう。東電ＯＬに共感した人たちは、彼女のなかに自分を見ていた。それは、個人としての達成と、女としての達成、このふたつを両立しなければ一人前とみなされない社会のなかで引き裂かれる女の苦しみ。

東電ＯＬは女を降りられなかったのよ。女としての承認欲求に苦しめられた。誰かに認められたいという承認欲求は、自尊心です。ただ人間としての自尊心だけじゃなく、〝女として〟の承認が必要になってしまう。そして女の価値は、男が与える価値だっていうこと。この事件からもう14年が経ったけれど、はたしてこの時代はちゃんと過去になったと言える？

北原　言えないですよね。男性優位の組織論はびくともしませんし。

女を降りれば、ラクになる？

北原　「東電ＯＬは女を降りられなかった」という話で思いだしたんですが、この前30代の女性に言われたんです。「40歳にもなってまだセックスしたいとか言って、若づくりをしている女の人って、イタいですよね」って。私、喧嘩でも売られてるのかなと思いながら聞いて（笑）。「女でいるの、なんで降りないんですか？　降りたほうがラクじゃないですか」って彼女、言うんです。いつまでも男の性的対象であり続けようとするのは、逆に女にとって息苦しいんじゃないか、と。

上野　うん。それはわかるわよ。

北原　わかります？　私は、降りるだの降りないだの、そんなこと自分の意思でできるものじゃない気がして。そもそも自分で乗ったものでもない。それに降りるって行為さえ、男の性的な目線を意識している気もするし。

上野　以前、摂食障害の女性が「30歳を過ぎたら男性の視線を意識しないで済むようになって食べられるようになり、摂食障害から回復した」という話を聞いた。彼女は女を降りることで自分を取り戻した。女を降りたほうがラクな場合もある。

最近、更年期障害の治療としてHRT（ホルモン補充療法）が出てきたでしょう。膣が潤って性交痛は減るけど、乳がんリスクは高まる。自分の健康を危険にさらしてまで、男につごうのいい女をやるのか、と私はあきれるのだけど。

北原　私は更年期になったら、HRTをやるつもりですよ。乳がんに関しては、病院に行けばいいと思います。むしろホットフラッシュなどの更年期症状が辛かったら、改善すべきです。膣がカサカサになる辛さを知人からリアルに聞くと、やっぱり薬を飲みたいと思う。それは男にウケるためではなく、自分のためです。

上野　ふ～ん……。更年期のさまざまな体の変化は、病気じゃなくて自然な変化の過程なんだけれどね。

北原　私はHRTを自分のためにすると信じているけど、フェミニストでいるためには、いつも「これは本当に私の欲求なのか」ってことを疑い続けて確認しなきゃいけないから、頭がおかしくなりそう。フェミはときどき、辛い（笑）。

2000年代、そしてみんな風俗嬢になった……!?

上野　日本社会もなしくずし的に性革命を経験し、セックスのハードルがどんどん下がった結果、「なんだ、愛がなくてもセックスできるじゃん！」とみんなが気づいた。それが性と愛の分離。

それまでは長きにわたって「愛のないセックスなぞしようものなら女の人格は損なわれる」とか、「性的に自由な女は、すなわちふしだらでけがれた女」という性＝人格説がまかり通っていたのだけれど、これがなくなった。

愛のないセックスは、やってみたら簡単だった。複数恋愛だってやってみたらOKだった。夫以外の男とセックスしたって、家に戻れば平気でまた夫とやっちゃえる。こういう調査結果もある。

北原　ところが、そんな社会への反動なのか、90年代後半以降の『アンアン』は「愛のあるセックスをしよう」ということを言い始めるんです。『アンアン』のセックス指南は2000年代にかけてどんどんエスカレートし、どうすれば男が喜ぶか、という視点からテクニックを伝授しようとする。手とり足とり、懇切丁寧に。愛は技術だ、って断言してますからね。

上野　2000年代は、「そしてみんな風俗嬢になった」ってこと？　北原さんの本『アンアンのセックスできれいになれた？』を読んでクラクラしちゃったわよ。セックスの垣根がうんと低くなったかわりに、今度はベッドでサービスをしないと女は男にウケなくなってしまったのか、と。しかもハードルが下がった分、今度はセックスを拒否できない。男女関係は、この40年間で好転するどころか……。

北原　ある大学での調査結果なんですが、今の若い女の子って、彼氏に「避妊して」って言えないらしいんですよ。その理由が、「愛してるから」。本末転倒です。

さらに興味深いのは、セックスフレンドとの愛のないセックスでは「コンドームつけろ」って、女の子からちゃんと言うらしいんです。愛がなければそれが言える。愛が邪魔になるってどういうこと、って話です。

上野　愛という言来で粉飾されているけど、それは男に気に入られようとしてってことでしょ。男の好みは今も変わらず、尽くす女、言うこと聞く女、自分に都合のいい女。だからそれに合わせている。悲劇だね。

北原　２０００年代に『アンアン』を読んでいた20代は、ロストジェネレーション世代です。今の30代ですね。私のお店には、30代前半のお客さんがなぜか少ない。たまに来ると、彼女たちはバイブは買わずに、膣を鍛えるトレーニンググッズばかり買っていく。ロスジェネ世代の女性って、すごく真面目で頑張り屋さんなんですよ。「自分が気持ちよくなりたい」じゃなくて、「彼氏を喜ばせたい」って言うんです。

上野　セックスでも努力するのね。

北原　ロスジェネは愛に真面目で保守的です。

上野　保守的、ね。私たちの世代は、高度成長期に思春期を過ごした人間なので、やっぱりその時代のエートスを人格形成期に受けていて、メンタリティの基本に楽天性がある。私たちは、女にとって何よりも大事なものを「自由」だと考えた。そのなかでも性的な自由ほど大事なものはない。一夫一婦制が諸悪の根源ということを思想として宣言したのはフェミニズムだけよ。

それなのに、後続の世代をみると、やっぱり結婚になだれ込んでいく。そして結婚するときに、自分の性的な自由をみずから放棄していく。私にはどうしても理解できない。

北原　一夫一婦制を否定した後の、性の自由のいちばん重要な概念はなんですか。

上野　自分がしたいときにしたい相手としたいようにセックスをする権利。したくないときにしたくない相手としたくないセックスをしない権利。そしてどちらの権利を行使してもどんなスティグマも受けない自由。それが自由の基本でしょ?

15 シングルの特権！ 選べるセックス

【対談】上野千鶴子×大川玲子（千葉医療センター産婦人科医長＆セックス・セラピスト）

上野 大川さんは２００７年、シングルの性行動の調査結果をまとめた『カラダと気持ち―シングル版』（日本性科学会／セクシュアリティ研究会編著、三五館）を出版されました。関東在住の40代から70代のシングル男女、１８３８人を対象にしたこの調査に、私はたいへん関心を持ちました。回収率は23・9パーセント。これは前作の『カラダと気持ち―ミドル・シニア版』（同編著、三五館）で既婚者を対象にアンケートを行った２０００年よりも回収率が低いですね。どうしてだと思われますか？

大川 総論的には、結婚してなくてもセックスライフがあるのは当たり前という世の中にはなりましたが、「私は結婚してないけど、パートナーがいます」とか、「パートナーは特にいないけど、セックスをしています」とか、あからさまに言えない人はまだ多いと思います。

回収率の低さはその表れですね。

上野　いまでも抵抗感が強いんですね。

大川　自由なセックスライフを望む人が増えた一方で、昔からの価値観を引きずっている保守的な人も結構います。セックスに対する考え方が多様化してきているのではないでしょうか。

交際相手の半分以上が既婚者

上野　アンケートの中でその傾向がはっきり出ていたのが、〈いま、付き合っている人はいますか?〉という質問に対する回答でした。シングル男性の42パーセント、シングル女性の38パーセントに、パートナーがいるということです。女性の38パーセントって結構大きいですね。40代に限ると55パーセントと半分以上（図1）です。

さらに〈交際相手に配偶者はいる?〉の質問では、シングル女性の53パーセントが〈いる〉の回答（図2）。つまりシングル女性のパートナーの半分以上が配偶者ありです。この結果を見て、びっくりなさいましたか? それともやっぱりという感想ですか?

大川　両方ですね。調査対象の人たちに多少偏りがあるので、正確にシングルを代表しているとは言えませんが、配偶者のある男性との〈交際期間〉が5年以上という女性が54パーセ

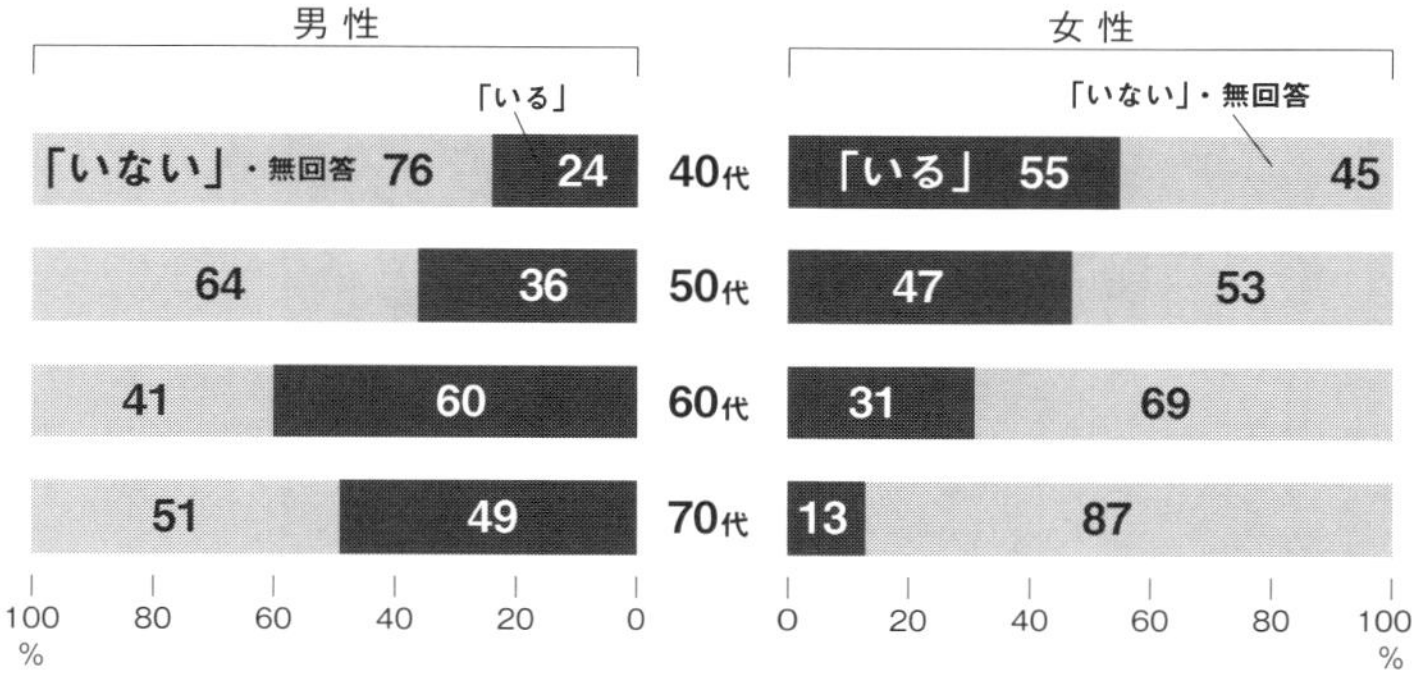

図１　交際相手の有無
© 日本性科学会／セクシュアリティ研究会　2007

ント（図３）。結婚できないから関係を長々と続けているんでしょうけれど、いまのままの形でいいという人も多かったですよ。

上野　シングル女性が不倫マーケットのプレイヤーだということがわかりますが、この数字を知ったら、妻たちはシングル女性を結婚制度の敵、妻の仇《かたき》と思うんでしょうか。シングル女性は略奪婚をしようというわけでもないと思うんですが。

大川　数値は他人《ひと》ごとですから、それほど怒らないような気もします。私はセックス・カウンセリングのほか、婦人科の通常の外来でも性の相談を受けることがありますが、「セックスは苦痛だから外でしてきてほしい」と言う人もいます。でも性交渉ができないために治療に来ている女性で、「夫には申し訳ない」と言いつつも、夫の不倫に

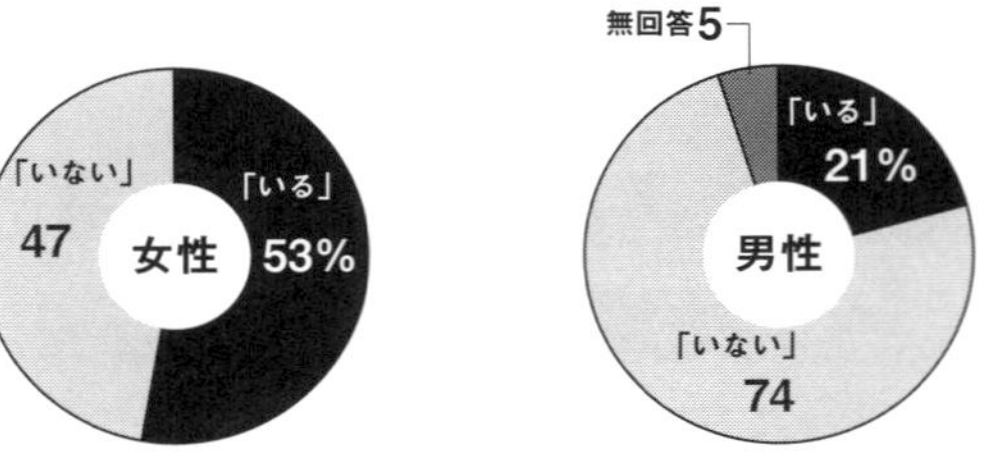

図２　交際相手に配偶者はいる？
© 日本性科学会／セクシュアリティ研究会　2007

は私も驚くほど激怒した人がいます。やはり夫が恋人を持つことには寛容になれないんでしょうね。

上野　それはなれないでしょう。やはり妻は自分がオンリーワンで、指定席に坐っている、と思っているでしょうから。

〈現在お付き合いしている人との関係はどのようなものですか？〉という〈交際のかたち〉の問いでは、40代、50代のシングル女性は、「性交渉を伴う愛情関係」が72パーセントで、「精神的愛情関係」が17パーセントという非常に面白い数字が出ています（図４）。この「精神的愛情関係」のほうが許せない、という妻もいるでしょうね。

大川　「性交渉を伴う愛情関係」だと、もっと許せないと思います（笑）。性交渉は、昔なら「一線を越える」なんていう言葉もありましたから、やはり簡単なものではないようです。

魅力資源の高い男は売却済み

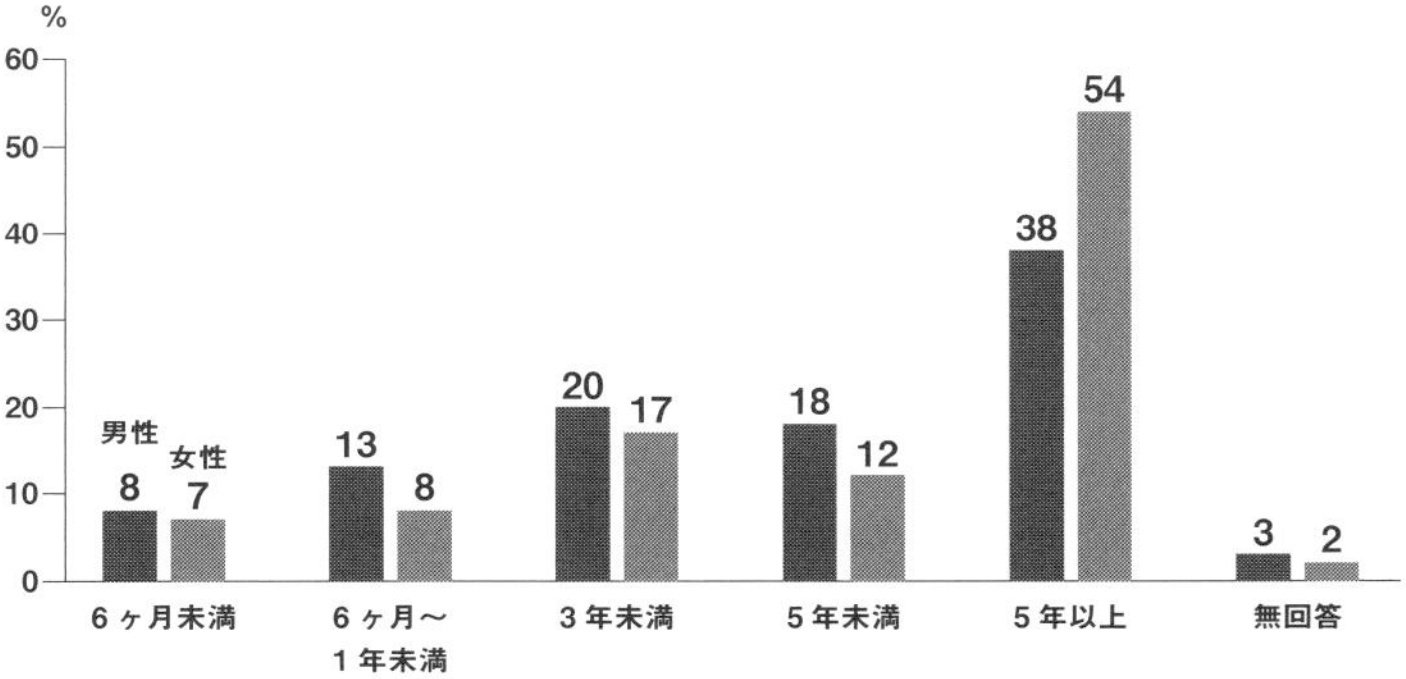

図3　交際期間
© 日本性科学会／セクシュアリティ研究会　2007

上野　私がもうひとつ驚いたのは、〈交際者との経済的関係〉で、40代、50代のシングル女性のうち、パートナーから経済的に「全面的に援助されている」のが3パーセントなのに対して、逆に女性がパートナーに「部分的に援助している」のが9パーセントと約1割もいたということです（図5）。これは、今までになかった注目すべき点ですね。それに「援助してもされてもいない」シングル女性が74パーセントもいます。これは女性にシングルライフを送れる経済力がついて、男に頼る必要がなくなったからでしょうね。

大川　まだまだ男性にくらべてハンディはありますが、女性が経済的に自立しようと思えばできる時代になりました。調査の結果では、ずっとシングルだった女性は専門職だったり管理職だったりという経済的な基盤がありますが、夫と死別して

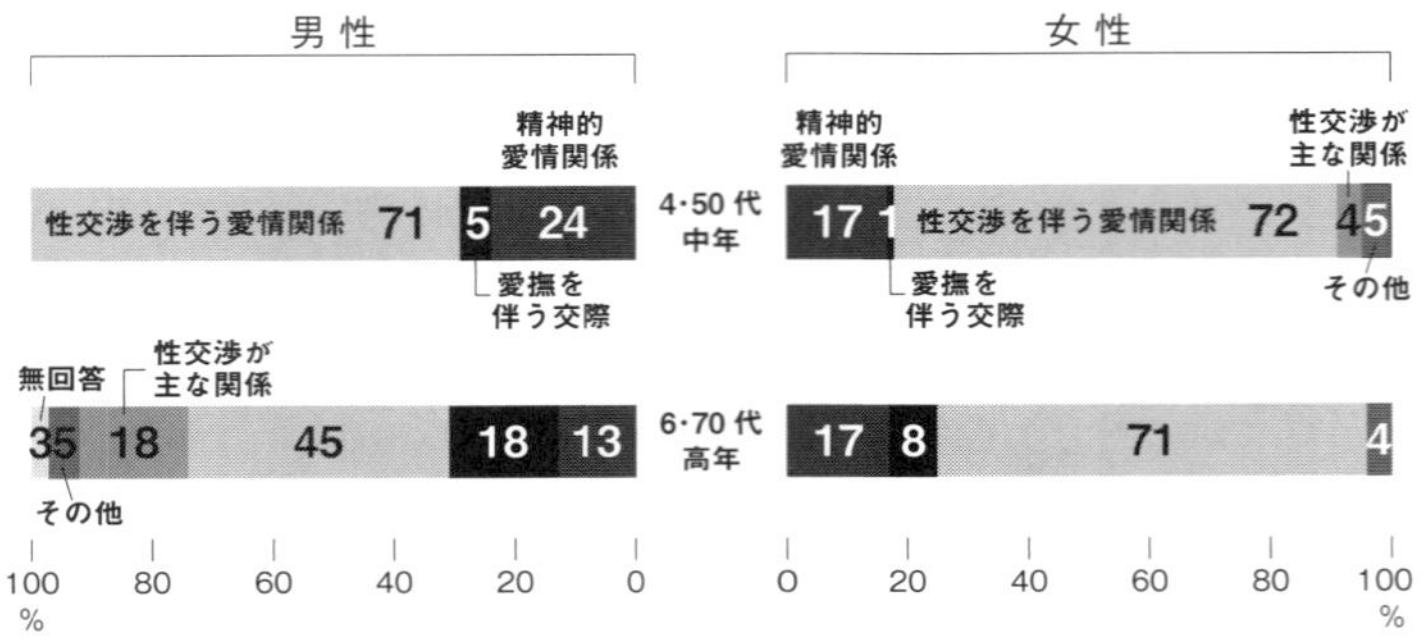

図4　交際のかたち
© 日本性科学会／セクシュアリティ研究会　2007

シングルになった女性は非専門職が多くて経済的な基盤が弱かったりと、女性が自立できない要因も見えてきます。でも彼女たちの暮らしはそう暗くはないという印象でした。

上野　ですから相手の男性には経済的負担がかからない。昔と違って愛人に費用がかからないという、男におトクな時代です（笑）。昔は「浮気は男の甲斐性」、つまり経済力の証《あかし》だったのが、いまや「甲斐性」がない男でも、愛人が持てる。

もうひとつの大きな理由は、セックスと結婚が分離したことでしょう。一昔前までは、結婚がセックスのライセンスでしたから。愛と性と結婚の三位一体が分離したことが、男女ともシングルライフを非常にラクにしました。いまや「シングルである」ことと「セックスライフがない」こととは、イコールではなくなりました。

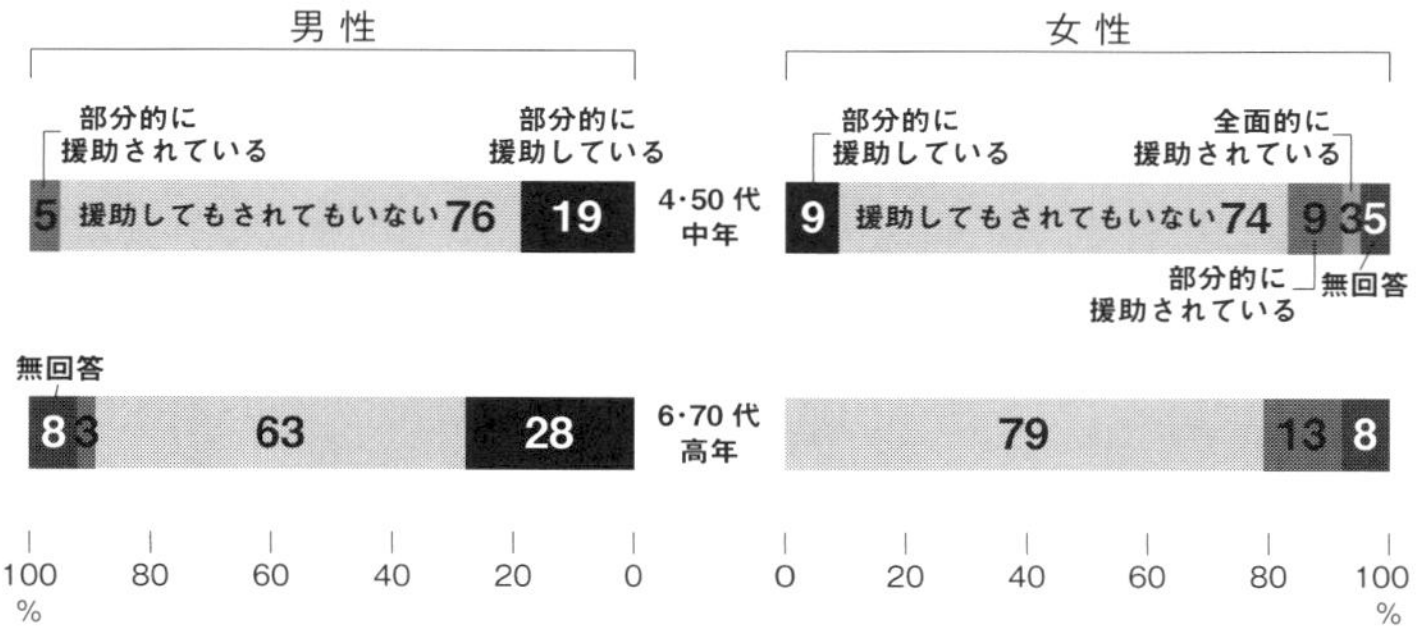

図５　交際者との経済的関係
© 日本性科学会／セクシュアリティ研究会　2007

大川　そのように言えますね。例えば、私が医者になった70年代前半は、婦人科に来るシングルの患者さんに性体験があるかどうか、訊《き》きにくい時代でした。タブーだったのですね。プライバシーの問題ではありますが、婦人科の場合、性体験の有無がわかっていると治療がしやすいので、いまでは躊躇せずに訊いています。

上野　一方で、40代のシングル男性の76パーセントにパートナーがいないことに驚きました（図１）。経済評論家の森永卓郎さん言うところの「恋愛市場の規制緩和、結婚市場の自由化」説が当たっていると思いました。昔のようにご近所に世話焼きおばさんがいて、釣書を手配してくれる時代ではない。自分の魅力で異性をゲットしなければならない、結婚の自由市場が成立した、という説です。社会学者の山田昌弘さんも『少子社会日本』（岩波新書）で魅力資源の高い男性には女性が集中し、魅力資源の低い男性には女性は来ない。ただし魅力資源の高い男性には、とっくに誰かが赤札をつけて、売却済みになっている（笑）。それでも自分の男性に対する要求水準を下げられなければ、赤札つきの男に手を出すしかない、と論じています。

大川　シングル女性の恋愛市場には売却済みの男性しかいないんですね（笑）。

上野　魅力資源の高い男性は、既婚者であっても、複数の女性を惹《ひ》きつける。その一方で、「どうしてくれる、オレたちを」と嘆いているのが非モテ系男子。これが「性的弱者」とも呼ばれます（笑）。40代男性シングルは、そういう人たちなんでしょうか？

大川　今回の調査では40代のシングル男性は、ほとんどが未婚でした。パートナーを得るスキルが不足しているのでしょう、買春をしている人が多かったですね。女性にとっては、かつて生活保障財だった一夫一婦制の意味も薄れ、伝統的な性的役割を要求される結婚には魅力がなくなった。そう思い始めた女性の変化についていけない男性が多い、ということでしょうか。

上野　既婚男性はタテマエの上では一夫一婦制を堅持しますので、家庭を壊す気はないでしょう。したがってシングル女性は結果的に不倫市場に登場する、ということになります。既婚男性にとって、妻以外の女性と「比較的長期に安定した関係」を続けられるのはラッキー。自分からやめる理由はまったくないでしょうね（笑）。

シングル女性のセックスはクオリティが高い？

上野　パートナーとのセックスで、配偶者がいる女性よりシングル女性の方が肉体的&精神的な満足感は高いという結果も出ています（図6）。シングル女性と結婚している女性とではどう違うのでしょうか。

大川　この結果は私たちの予想をはるかに超えていました。シングル女性はパートナーとの緊張関係にありますから、セックスがふたりを結びつける重要な要素になっているんだと思います。スキンシップや前戯の頻度もシングル女性の方が高いんですね（図7、図8）。

上野　こういう結果を見ると、既婚女性は心穏やかではないでしょうね。つまり、結婚するとセックスがおろそかになると、データが証明していることになるんでしょうか。

大川　比較すればそうですが、簡単に言えばマンネリ化するということでしょう。

上野　シングル女性はセックスの相性がよくない男性であれば、交際を解消すればいいわけですが、既婚女性はそうはいきません。結果として「満足度の高いセックス」の相手となら続く、と言えそうですね。同じように、セックスのイニシアチブをどちらが握っているかというデータにも、その違いが表れています。どちらから誘うかという問いに対しても、シン

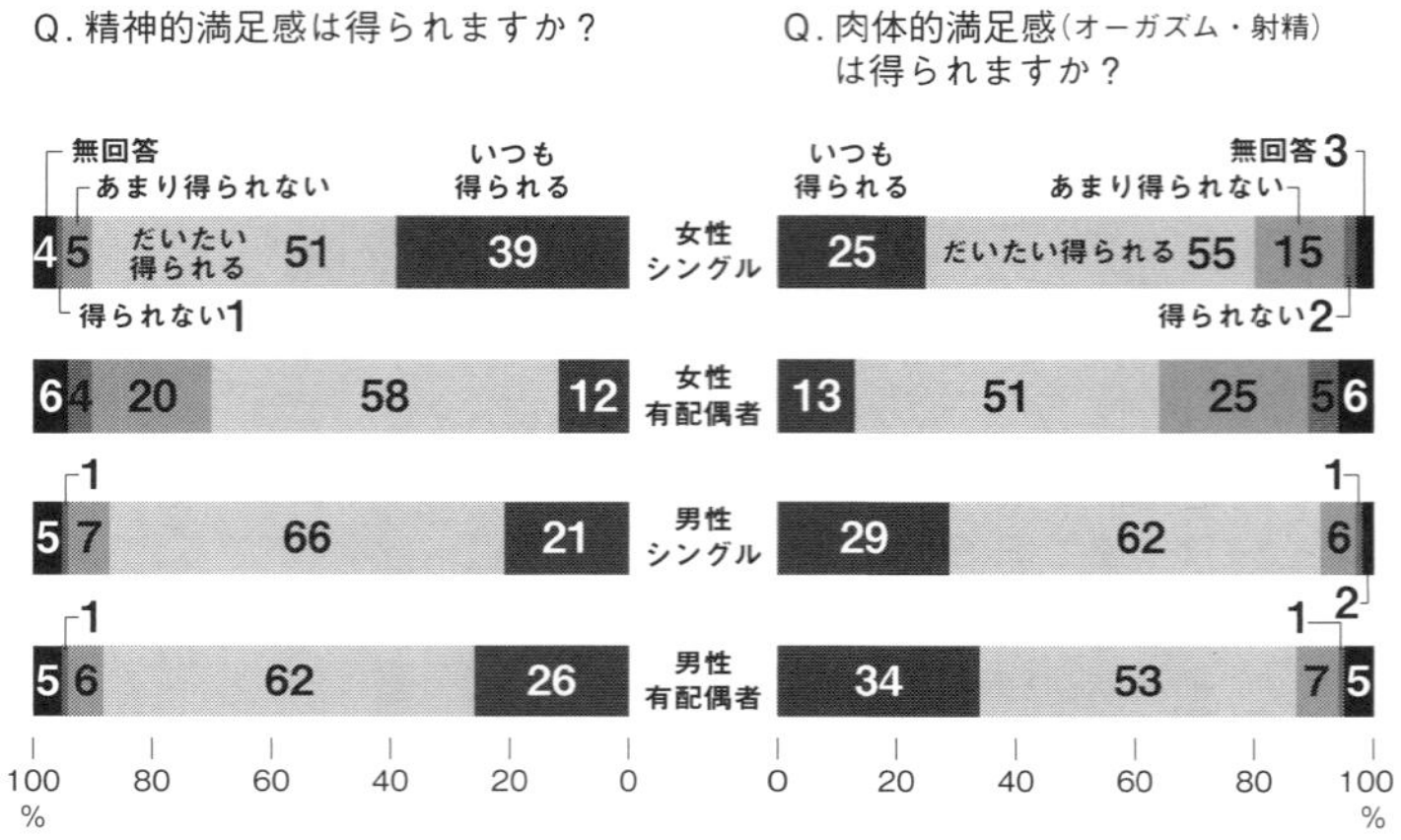

図６　肉体的＆精神的満足度は？
© 日本性科学会／セクシュアリティ研究会　2007

グル女性のほうが既婚女性より積極的だというデータが出ていますね（図９）。

３０００組以上のカップルを調査した『アメリカン・カップルズ』（白水社）では、既婚・同棲のカップルを比較して、セックスのイニシアチブを握っている女性は、既婚者より同棲者のほうが多いと出ています。その背景にあるのは経済力の差。同棲者のほうがパートナーとの経済力格差が相対的に少ない。つまり経済力とセックスには相関関係があるという分析でした。結婚するとセックスがおろそかになるのは、何かほかに理由があるのでしょうか？

大川　最近ではセックスに関する情報が増えて、女性がセックスに期待感を持つようになりました。そうかと言ってセックスが

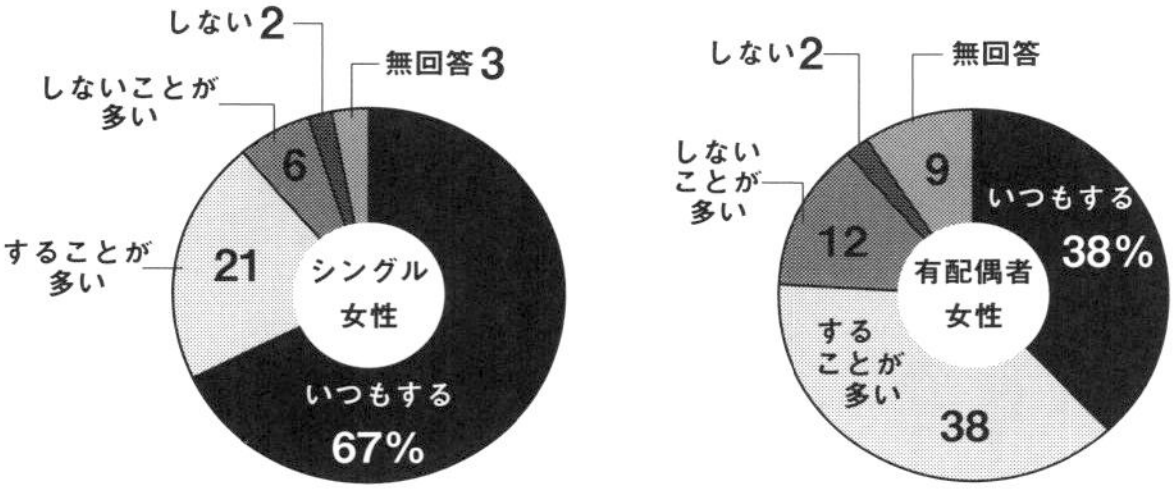

図７　前戯はしますか？
© 日本性科学会／セクシュアリティ研究会　2007

巧みな男性なんておそらく少ないし、女性は女性でイニシアチブの取り方がわからない。

結婚するとセックスがおろそかになるのは、日常性ということもあるでしょうが、ふたりのセックスが確立されないまま、男性の好みで省略型のセックスになってしまい、女性もあきらめてしまうからでしょう。結婚していなくても女性がセックスでイニシアチブをとるには、経済的に優位で年齢も高くないと難しいのではないでしょうか。

上野　セックスが日常的な行為だからといって、クオリティが下がるとは限りません。セックスの相性のよい、コミュニケーションのうまくとれたご夫婦もいらっしゃいますので。私は「日常性」より、カップルの「関係性」ではないかなと思いますが。夫のひとりよがりなセックスに、イクふりをしつづけてン十年、いまさら「実は……」とは言い出せない、という方もいますね。

大川　そうかもしれませんね。長い年月の間には、お互い

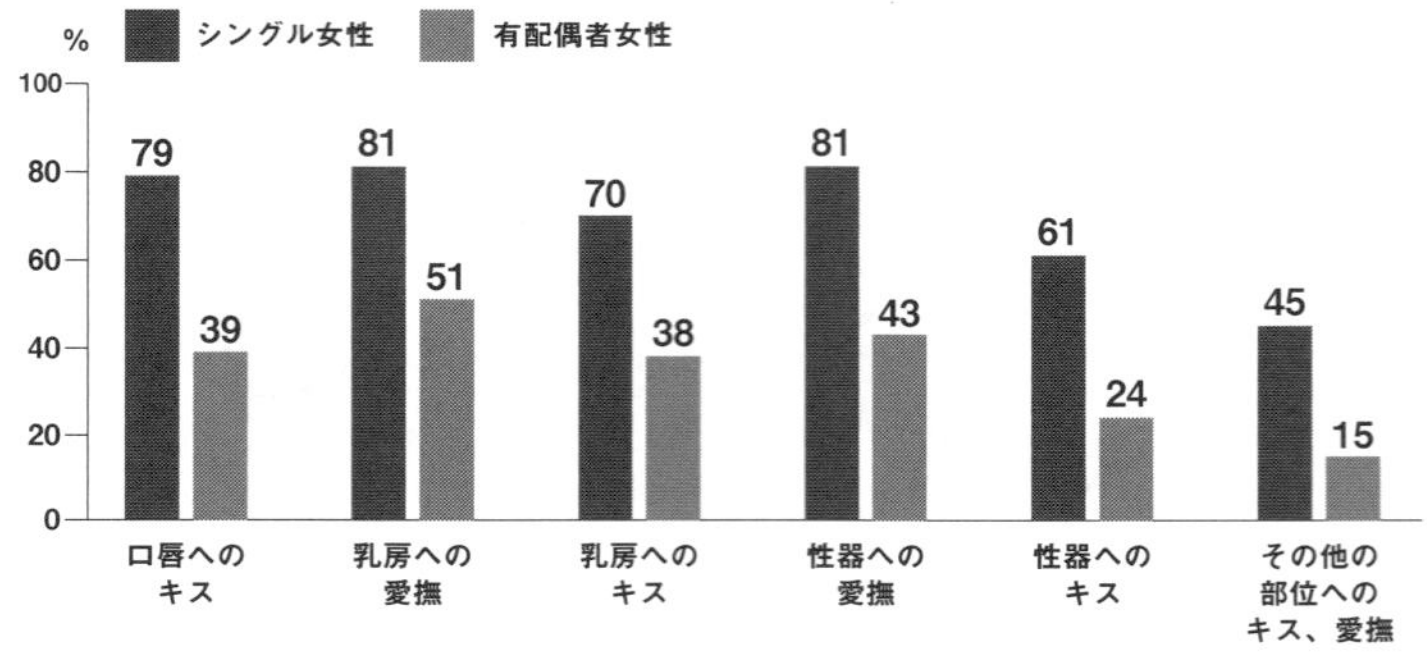

図８　よく行う前戯は？（複数回答）
© 日本性科学会／セクシュアリティ研究会　2007

の身体の特徴やセックスの好みも変わります。妊娠、出産、病気や老化、そういう変化も取り込んでふたりのセックスを熟成させていけば、本当にすてきだと思います。でもそれはふたりがセックスを大事にして、息を合わせていかないと難しい。セックスはとても得難いものなのに、日本人は欧米人と比べて、セックスを重視していませんね。子どもが出来るとすぐ「お父さん」「お母さん」になってしまいます。

上野　アンケートの中に、〈前戯はしますか?〉という質問がありましたが、これはすごく大事なことですね。結婚している女性では、前戯を「しない」と「しないことが多い」を合わせて14パーセント（図7）。〈よく行う前戯は?〉という質問では、結婚している女性の数字が、「口唇へのキス」や「性器への愛撫」など、どの項目でも50パーセントに満

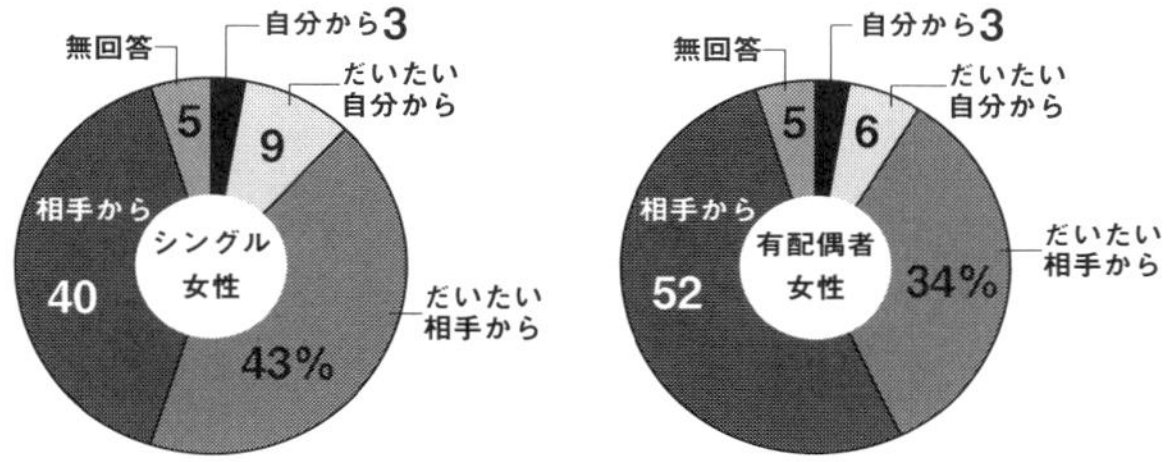

図9　どちらからセックスを求めますか？
© 日本性科学会／セクシュアリティ研究会　2007

たない（図8）。こんなにクオリティの低いセックスを、よくガマンしているなと思いますが。

大川　女性が前戯を要求していないということもありますし、要求しても相手の行動が変わらないという場合もあるようです。パートナーが積極的に前戯をしてくれない、と不満を持っている女性は、私のカウンセリングにもたくさんやってきますよ。

上野　ところで「前戯」というコトバを聞くといつも思うのですが、このコトバ、何とかならないでしょうか？　ペニスの挿入がセックスの最終目的だという考えが、「前戯」というコトバには表れていますね。

大川　それはおっしゃる通りです。私も適切な言葉ではないと思いますが、アンケートでは多くの人の共通認識を得なければなりませんので、やむをえず「前戯」というコトバを使っています。男性はペニス挿入が最終目的ですから、女性への愛撫をなるべく省きたい、だから「前戯」なんでしょうね。あまりロマンチックな響きではありませんが、性交渉以外の性的行為を愛撫とか触れ合い、タッチングなどと表現します。講演で「愛撫は女性にとって、オードブルではなくメインディッシュです」と話すと女性の方は同意しますし、タッチングやオーラルだけでも構わないという女性もいるほどです。

上野　無理に挿入しなくてもお互いに満足できれば、それはそれでよいセックスと言えますね。男性の勃起コンプレックスもなくなればよいと思いますが。

大川　男性がこのことをよくわかって、自分も楽しめればうまくいきますね。女性にとってはもちろん、そのほうがずっといいですよ。それこそ中国の宦官《かんがん》とか、そういう人たちのセックスはとてもサービスがよくて、と言いますものね（笑）。

上野　しかし社会学者としては、丁寧なタッチングにいかないのは、それ以前に、カップルの関係になにか問題があるからだろうと思うわけです。誰も私にアドバイスを訊きにくる人はいませんが、もし訊かれたら、迷わず「相手を替えたら」（笑）って伝えますね。シングル女性は、セックスの相性が一度合わないと思ったら、二度目はお断りするという選択ができるわけですから。

大川　そうですね。女性がセックスを拒否できる、というところまでは来ましたね。

セックスレスのどこが悪い

大川　アンケート調査で見ると、女性は40代から70代まで、年代をおってセックスはしたくないというふうになります。ひとつは閉経後の性交痛がネックになっていて、タッチングだけでいい、さらには一緒に外出したり、おしゃべりしたり、それだけでいい、となっていきます。

上野「ノー」と言う女性を無理強いしない男が増えたのは、強姦まがいのセックスを強要する男より、ずっと歓迎です。セックスレスのどこが悪いんだろうと思いますね。

大川　お互いにセックスをしたくなければ、しなくてかまわないんですが、最近では、女性がセックスしたいのに男性のほうが拒否してしまうという傾向も見られますよ。そういう場合は、女性のほうから、「タッチングだけで十分」と提案するといいと思います。女性も要求するばかりでなく、男性の気持ちをラクにしてあげられるノウハウを身につけるといいですね。相手を取り替えるより、現在のパートナーをうまく改造するほうがラクかもしれませんよ（笑）。

上野　今回調査したシングル女性たちは、セックスが自分の人生を豊かにするために必要なものだ、と思っていましたか？

大川　はい、そう思っていますね。でも、なくてもいいと思っている人もいるし、なくて幸せという人もいました。年齢が高くなればなるほど、セックスの意味や価値が小さくなっていると感じました。

上野　わたしは加齢のせいで性欲のポテンシャルが下がり、おかげで人生が平和になりました（笑）。アメリカ人の性体験の実態を調査した『セックス・イン・アメリカ』（日本放送出版協会）では、セックスライフの有無と、「人生の満足度」には、何の相関もない、というデータも出ています。つまりセックスは人生のクオリティには関係ない、ということですね。

シングル女性と結婚している女性とでは性欲の強さが違っていますね（図10）。私は以前から、性欲というのは習慣性のもので、関西弁で言うと「くせのもんや」と思っていました（笑）。セックスはやるとくせになるし、やらんとやらんでやらないことがくせになる。恒常的にセクシュアル・アラウザル（性的興奮）を経験する環境にいれば、性欲のポテンシャルは自然と高くなるし、それがなければポテンシャルは下がる。そういうものではないかと思います。

大川　調査でも性的活動性が高い女性は性欲も保たれていますから、逆もまたしかりですね。

ところで男女の性反応についてですが、以前から、性反応というのは、まず最初に性欲が

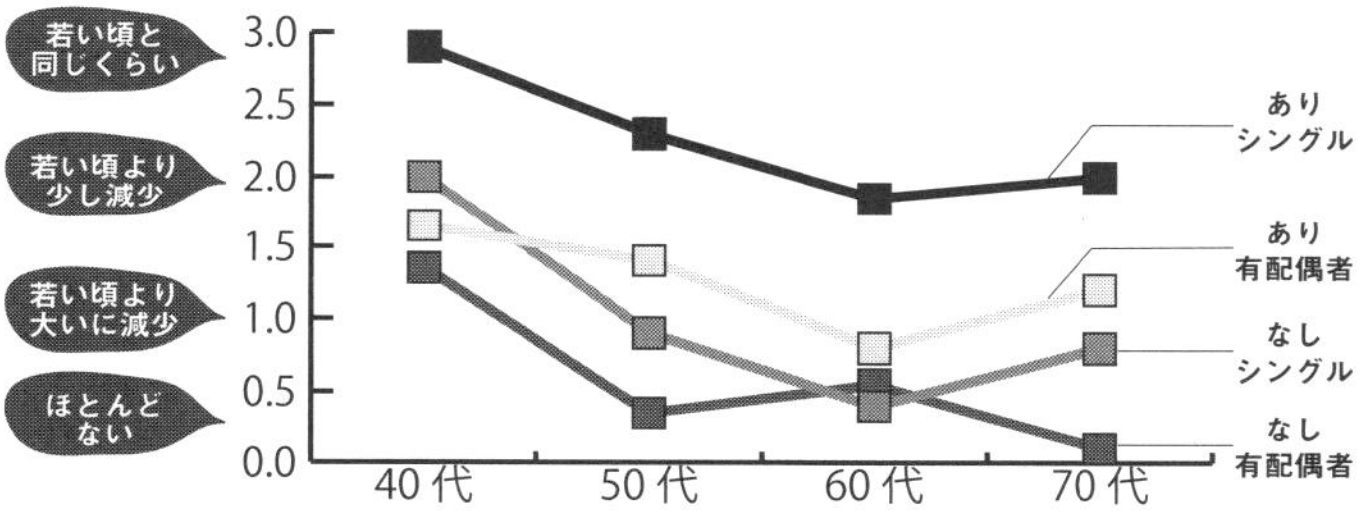

図10　セックスの有無別に見た女性の性的欲求
© 日本性科学会／セクシュアリティ研究会　2007

あって、そういう状態に性的な刺激を受けるとアラウザルが起こり、勃起したり、膣が濡れたりする。その刺激を続けていくとオーガズムになって終わるというふうに言われてきました。しかし、どうも女性はそんなに単純な構造ではなくて、自分で性欲を自覚しない場合でも、相手からアプローチを受けると、性反応が起こるんです。つまり女性の性反応は直線的じゃなくて円環的なんですね。自発的な性欲がなくても、いい関係にある人から性的な刺激を加えられると、乗っていって反応する。そうするとまた、その人との関係がよくなるので、その人とはいいセックスができるようになるし、性欲も生まれてくるのです。

上野　同じ『セックス・イン・アメリカ』のデータによると、セックスの回数とマスターベーションの頻度は相関関係にあるということでした。性行動が活発な人のほうがマスターベーションをする頻度が高いということは、マスターベーションは相手のあるセックスの代用品ではない、ということがわかります。

大川 性行動が活発であれば、それがまた次の性行動につながっていきますから、結婚している人のほうがマスターベーションの回数は多いと思います。

上野 いつもセックスをしている人は、マスターベーションもしているということになりますね。原因と結果がそれぞれ循環して、好循環になればポテンシャルが高まるということですね。その逆なら、ポテンシャルは低くなる。

大川 夫や恋人がマスターベーションしているのを知って、「私という女性がありながら」と怒ったり、自分とのセックスに不満なのかしら、と心配することがありますが、それは全く見当違いということですね。

ところで、性的活動性とは直接つながりませんが、「マスターベーションは男性にも女性にも大切な経験」というのが私の持論です。特に女性は男性より体験者が少ないだけにもっと奨励したいですね。性欲のはけ口というだけではなくて、自分の好みとか、性感のツボを知るための必修科目と言いたいくらいです。

上野 同感です。マスターベーションもしないで相手のあるセックスをするな、と言いたいですね。

セックスの賞味期限はいつまで？

上野　長期にわたってセックス・パートナーがいないとか、性経験が過去20年ぐらいないというセカンドバージンもかなりいます。パートナーがいなくても、それなりに自分の人生は満足だという人も相当にいます。セックスなんて、してもしなくても、私は私、って言ってあげたい。セックスレスで悩んでいる人は、セックスがないことに悩んでいるわけではなく、実は相手との関係に悩んでいるんですよね？

大川　先ほど、今回のアンケート調査では対象に多少偏りがあると言いましたが、シングル女性の場合、パートナーがいなければ性生活はないのが普通です。もちろんそれが不満という人もいますが、男性に比べると少数派です。多くの女性はパートナーがいなければいないで、性生活がないことに満足しているか、あるいはあまり関心がないという立場です。しかしパートナーがいるけどセックスレス。それが不満という女性も、少数ですがいます。私のカウンセリングではパートナー（多くは配偶者ですが）とのセックスレスが苦痛という女性が少なからずいます。何が辛いかというと、セックスは女性性の確認というか、男性との関係性というイメージが強くて、このままずーっと、死ぬまで男性と関係を結ぶことがなくなってしまうのではないか、という不安が強いんです。

上野　そこなんですが、「女としての賞味期限切れ」って何でしょうね？　大塚ひかりさん（エッセイスト）に『いつから私は「対象外の女」』（講談社）というタイトルの本があります。その中で、女の賞味期限は40歳が上限、だからそれまでに、何が何でも女としての性的な存在証明をしたいと、女たちのあせりを書いていています。酒井順子さんの『駆け込み、セーフ？』（講談社）も40歳を期限に置いています。

大川　それは結婚に対するあせりではなくて、性のあせりですね。

上野　酒井さんの場合は結婚でしょうが、大塚さんの場合は既婚者ですから、性の対象としてのあせりでしょうね。夫だけでは充分じゃない、自分が男にとって「賞味期限の切れてない女」であるということを証明したいと。今回のアンケート調査から、そういう強い願望やあせりは感じられましたか？

大川　40代のシングル女性には、そういうあせりも感じました。ただ女性は挿入を伴うセックスをしたいとは必ずしも思っていなくて、触れ合いたい、せめてスキンシップをしたいという、そういう願望なんですね。

上野　女として認められたいという願望ですね。その満たされない不安は、この先ずっとひとりで生きていく不安とは、また別なものですね。賞味期限を過ぎてしまえば、かえってラクになるのに。最近ではこの賞味期限が、どんどん後ろにずれこんでいるみたいですね。

賞味期限と言えば、出産可能年齢というのもあります。女性は50歳前後になると閉経を迎えます。閉経後のセックスについて、日本ではなかなか言語化されることがありませんね。

大川　閉経を迎えると、イメージ的に女性の賞味期限は過ぎたと思う人が多いんですが、配偶者やパートナーのいる人は、閉経後も性生活はあります。

上野　作家の森崎和江さんが、閉経後のセックスについて、「子をなさなくてもよい、伸びやかな性」と書いておられます。そうか、そんなにいいものかと、楽しみにしていました(笑)。

大川　もうわずらわしい避妊をせずにすむからホッとしたとか、避妊しなくなって逆に性欲が高まったとか、そういう人もいますね。人間の性欲にはさまざまな要素があって、動物のように生殖だけが目標というわけではないので、妊娠中も閉経後も性的に活動的な人はたくさんいます。「灰になるまで」というわけです。

上野　そうですね。東京都知事の石原慎太郎が学者の発言を誤用して、「女性が生殖能力を失っても生きているのは無駄で罪だ」と語っていましたが、彼はそれから後の女性の魅力を知らないんですね、カワイソーに。

大川　賞味期限というのは相手がどう思うかという受け身の姿勢です。それも大事ではありますが、決め手は本人の気持ちではないでしょうか。40歳、50歳の節目でも、悩むことはないと思います。性欲のホルモンで、男性ホルモンといわれるテストステロンは閉経とともに出なくなるので、女性ホルモンで膣が潤うかどうかということばかりではなく、閉経後は性欲も低下する傾向は確実にあります。ですから閉経後に性欲が高まる人は少数派だとは思います。でも70代、80代の女性でも性生活はあるんですよ。

離婚してシングルになった50代の女性は、「前のボーイフレンドは若すぎてうまくいかなかったけれど、今度の同世代のボーイフレンドとはうまくいきそうです」と報告してきました。そういう女性もいます。性欲は個人差があるので、賞味期限があってないようなものです。

パートナーといいセックスを

上野　今回の調査で、男性の変化よりも女性の変化のほうがより大きいと感じたと書いておられましたね。

大川　40代、50代のシングル女性は、性活動も性意識も開放的ですが、年齢が高くなるにつれて保守的になっていきます。しかし、シングル男性はどの年代も似た傾向です。パートナーに性交渉を求め結婚を要求します。性に対する考え方がおしなべて保守的なんです。ですからシングルの男女は多いにもかかわらず、なかなかカップリングがうまくいかないという現実があります。パートナーを得て、いいセックスをするには学習が必要だと思います。人間は本能だけでセックスはできません。文化的に高いレベルの行為ですから、コミュニケーション能力が必要ですし、男性も女性も積極的にならなければいけないと思います。

上野　その処方箋として、どういうスキルを身につければいいのでしょうか？

大川　やはり女性側から「セックスは挿入して射精するだけじゃないのよ」ということを、もっと言わなくてはいけないと思います。男性側も本やビデオばかりに頼らず、パートナーの女性に直接訊きなさいと言いたいですね。

上野　あ、「女性に訊きなさい」というのはいいですね。相手のあることだから、相手に訊くのは当然です。

大川　ただ、女性側も訊かれたときに、しっかりと答えられなければいけません。そのためには「もっとマスターベーションをして、研究しなさい」とか（笑）。また近年、学校も性教育を抑えすぎですね。

上野　よくぞ言ってくださいました。このところ学校では「ジェンダー・フリー」への反動から、性教育が萎縮しています。

大川　教育現場の先生たちは、もうどうしたらいいか、わからなくなっていますし、関心さえ持てなくなっています。

上野　養護教員を長い間やってきた高橋裕子さんが、彼女から中学生のときに性教育を受けた20歳過ぎの教え子たちと、座談会をやっています（『季刊セクシュアリティ』37号　二〇〇八年七月）。その教え子たちがすごくいいことを言っているんです。「学校の先生が教えてくれなきゃ、誰が教えてくれるんだよ。そんなこと親ともしゃべれないし、あとはメディアから変な情報が入ってくるだけだし、ちゃんと教えてくれないと困る。先生のおかげで自分の人生がとても生きやすくなった」と。大人になってから、そう証言してるんですね。

大川　10年くらい前までは教育界も性教育に熱心でした。エイズ教育という名目で、内容の濃い教育を目指した教育者がたくさんいました。そのころの教育を受けた人たちでしょう、その発言はうれしいですね。状況はまた変わっていくでしょうが、どうしたらリスクを避けて、上手にパートナーと触れ合うことができるか、お互いにスキルを学んでいってほしいと思います。セックスは基本的には楽しいことなんですから。

＊この対談は２００２年から２００３年に実施された「熟年シングルのセクシュアリティ調査」（日本性科学会／セクシュアリティ研究会）の数値を元に構成しました。

調査対象／主として関東在住の配偶者がいない40～70代の男女。調査手続き／研究会のメンバー7人が友人・知人、講演会・研修会の聴衆、老人クラブ、老人大学、諸団体、諸機関職員などに依頼。新聞、雑誌など10社のメディアを通して研究協力者を募集。調査方法／自記式の調査票と切手を貼った返信用封筒を渡し、郵送で回収。調査票の配布部数／１８３８部。調査票の回収部数／４３９部（男性１５７人、女性２７９人、不明・その他３人）。回収率／23・９％。有効回答数／４０８（男性１４５人、女性２６３人）。有効回収率／22・２％

図１～10は『カラダと気持ち―シングル版』（三五館）を参考にしました。

V
団塊世代はどこへ?

16　団塊世代の女性、これまでとこれから

同じ世代でも男と女は別人種

かねがね世代論にはジェンダーが欠けていると思ってきたが、ジェンダーを入れてみると、同じ世代でも男と女は別人種。戦後日本社会で、世代としてもっとも影響力があったのは、男なら団塊世代、女ならバブル世代、と言ったのは『女はオキテでできている』（春秋社、二〇一〇年）の著者、深澤真紀さん。残念ながら認めざるをえない。

団塊世代の男は高等教育大衆化の先兵となり、大学闘争を起こし、市民運動を担い、エコロジーを唱え、モーレツサラリーマンになっていった。同じ世代の女は、なだれをうって結婚し、仕事を辞め、専業主婦になった。多くの研究者が指摘するとおり、戦後世代のコホー

ト（同年齢集団）のなかで専業主婦率がもっとも高いのは、ベビーブーム世代である。「主婦の大衆化」世代という意味では特徴があるが、「主婦」のライフスタイルそれ自体は、歴史的に見て新しいわけではない。かつてなら庶民の娘には手が届かなかった中流家庭の「専業主婦」の暮らしが、だれにでも手の届く選択肢になったというだけのこと。都会に出た次男坊、三男坊のサラリーマンと結婚して、舅姑のいない核家族の無業の妻という女の「上がり」を手に入れた。上がったはずの暮らしが、密室育児と家事負担というタダ働きの家事労働者だった、というウラもあったが。そして「友だち夫婦」と言われたカップルは、その実、みごとに性別役割分担型の夫婦、つまり家庭を顧みないワーカホリックの夫と、エネルギーの行き場をうしなった無業の妻との組み合わせというオチがついていた。

「女の時代」と言われた消費社会のほんものの担い手の登場は、その後のＨａｎａｋｏ世代まで待たなければならない。未婚の女が働くことがあたりまえになり、自分で自由になるおカネを持つようにならないと、「強い消費者」としての女性は現れないからだ。夫の顔色を見ながらおカネを使っているあいだは、女は「強い消費者」にはなれない。後続したこの世代の女性は、結婚しないという選択肢を手に入れ、晩婚化・非婚化・少子化の先兵となった。「負け犬」こと、酒井順子さんの世代である。日本の女が変わった、という実感が持てるようになったのはこの世代からであろう。

自由をうばわれる番狂わせ

団塊世代の女性に戻ろう。

この世代の人口学的特徴を言えば、次のようになろう。学歴は高卒か短大卒。4大卒の女性は5パーセントに満たない。学校を卒業した後、数年「腰掛け就職」し、23歳前後で2、3歳年上の夫と「恋愛結婚」した。まだ中卒者も多かった時代。高卒なら地元の金融機関に、短大卒なら大手の銘柄会社の事務職に採用され、社内恋愛で夫をゲットして「寿退職」するのがゴールだった。結婚後1年以内に第一子を産み、それから2年おいて第二子出産、それでうちどめ。そのまま家庭にいられるつもりだったのに、団塊世代の夫はやがて管理職ポストの足りない「ポストレス・エイジ」に入り、夫の給与の伸び悩みと子どもの高等教育化とで、予期しない再就職をよぎなくされた。待っていたのはパートや臨時などの低賃金不安定雇用。不利な就労だったが、選ばなければ職はあったし、家にいるよりましだった。子どもが在学中は学費をかせがなければならなかったが、親業を卒業してからは、自分の収入は自分の自由になった。夫は働きざかりで単身赴任も多い。子どもは手がかからない。夫の不在をよいことに、夫の生きているうちから、早く来た「後家楽」暮らしをエンジョイ。この黄金時代も夫の定年まで。収入は激減するし、夫は家にいる。これまでの自由をうばわれる番狂わせで、今さらのように夫を自立させておかなかったことを悔いている……というところだろうか。

老後を目前にした彼女たちの生活設計を狂わせる要因は他にもある。そのひとつは夫の両親の介護負担と、自分自身の親の介護責任だ。団塊世代の親は、かつてない超高齢社会を生きている。こんなに長生きするはずではなかったのに、80代、90代までの長命を経験し、したがって介護世代も高齢化している。それだけではない。一昔前までは「結婚すれば他家の女」だったはずの団塊世代の女は、嫁いでも実家の親の介護責任がなくならない最初の世代だろう。自分自身も少子化世代のはしりだから、男兄弟のいない長女も多いし、長男がいても嫁が昔のようには忍耐強くなくなった。自分自身が嫁として同じふるまいをしてきたから、兄弟の妻に強いことは言えない。

もうひとつは団塊ジュニア世代が思いがけず「ロスジェネ」ことロスト・ジェネレーションに属したことだ。育てた子どもたちが社会人になる頃にはバブルがはじけていた。本人の責任ではないのに、正規雇用に就けなかった。そのうちなんとか、と思っているうちにパラサイト状態が続き、気がつけば30代フリーターになっていた。それでなくてもこの団塊ジュニア世代は、いじめ、不登校、ニート、ひきこもり……を経験してきた世代だ。その子どもたちがそのままおとなになり、やがて中年になる。子育てを卒業できないばかりか、やがて自分たちの老後を脅かす「不良債権」になるだろう……。

「奥さん」から「外さん」へ

とまあ、団塊女性の人口学的プロフィールを描けば、こんなところだろう。たいしてうれしくもない人生だが、統計的平均人という存在がいないように、ひとりひとりの人生はもっと多様で個性的だ。1988年、わたしは当時アラフォーだった女性（ほとんどが既婚者である）を対象に、女性のネットワーキングの調査研究をして『女縁が世の中を変える』（日本経済新聞社）という本を書いた。この本はその後、それから20年の変化を付け加えて、2008年に、『女縁を生きた女たち』（岩波現代文庫）として増補再刊された。

無業の妻たちは家庭にとどまっていたわけではない。「奥さん」から「外さん」になり、「自分の名前」で出歩き、たまには「金妻」もし、志で他人とつながり、共同保育や市民運動の担い手になり、やがて活動を仕事に変え、地域でなくてはならないキーパーソンになっていた。彼女たちを後押ししたのが、1998年スタートのNPO法と2000年施行の介護保険法だ。女のタダ働きだった介護が有償の労働となり、育児・介護の経験がキャリアになった。有償ボランティアから始まった事業が軌道にのり、その道のプロや事業の経営者になった女性はたくさんいる。夫の扶養家族を脱した女性もいる。なかには、地方議員になった女性も多い。議員職が中高年女性の再就職先の選択肢として浮かび上がったのもこの世代だ。

団塊女性の代表のように思われている残間里江子さんが、団塊男に比べて団塊女の存在感がないのがくやしい、団塊女性をネットワークして、何かことを起こしたい、と「ウィルビー」という団体を始めた。だがわたしの感想は違っている。そんなネットワーキングなら、団塊女は20年も前からとっくに始めている。それがただ世の中の目につかないだけだ、と。世の中というのは、「公的世界」と言い換えてもよい。

事実、団塊女には公職に就いた女性がおそろしく少ない。企業で出世した女性も少ない。そもそも採用がなかったばかりか、就労継続する女性が少なかったのだからそれも当然だろう。４大卒の女に至っては、使い道がないとすら言われたものだ。外国の女性が来て、官公庁に行っても企業に行っても女がいない、日本はどうなってるのか、とわたしに質問にくる。あなたは行く先がまちがっている、とわたしはやんわり言う。日本の女は組織のなかにはいない、地域にいる、と。実際、草の根の活動を支えているのはほとんどが女性だ。そのなかにはすばらしいアイディアや熱意、リーダーシップを持った人材がたくさんいる。ただし「日本の謎は……」と、わたしは彼らに答えるのだが、「才能も力量もある女性たちが、この社会では無位無冠であることだ」と。日本社会には彼女たちの受け皿がなかったのだ。

団塊女性は早婚少産世代である。早々と子どもを産み終えて、30代半ばにはポスト育児期に入った。結婚と出産までしかライフプランになかったたいがいの女性にとっては、早く来すぎた定年、若すぎる余生である。少し上の世代にとっては目標喪失とアイデンティティの危機を経験する「妻たちの思秋期」だっただろうが、団塊女はこの時期をうまく乗り切った。それは彼女たちが、脱血縁、脱地縁、脱社縁のネットワーキング、すなわち女縁をつくったからである。女縁は男の死角にあって、男の目からは見えない。見えないから存在しないに等しい。だから男メディアもとりあげない。日本の夫の妻に対する無関心・不干渉がそれを助長した。だが、メディアの世界に女性が浮上するにつれ、これまで死角にあった「女だけの世界」が目に見えるようになってきた。

団塊男たちが「2007年問題」などと言っているあいだに、女性たちはとっくに老後へソフトランディングしていた、というのがわたしの見立てである。そして「老後」と呼ばれる時間が長くなればなるほど、女の経験のほうが、男の経験より生きてくる。

人生は長期戦だ。短期決戦では決まらない。そろそろ増えてきた同世代の訃報を耳にしながら（そのほとんどが男性だ）、最後に笑うのはだれだろう、と考える昨今である。

17　世代間対立という罠

聞き手／北田暁大（東京大学准教授）

『おひとりさまの老後』への批判

――今日はお忙しいところ、どうもありがとうございます。最初に、今回のインタビューの趣旨を説明いたします。

本誌（『思想地図』）の編集委員である東浩紀さんが『ＳＩＧＨＴ』誌で、上野さんの著作『おひとりさまの老後』（法研、二〇〇七年）を取り上げました。以下がその引用です。

『おひとりさまの老後』は、よく知られるとおり、女性学やジェンダー研究で知られる上野氏が、同じ団塊世代の単身女性に向けて書き下ろしたエッセイというか、一種のマニュアル本だ。昨年夏の出版直後から話題になり、いまや75万部のベストセラーになっている。話題の本なので、手にとった読者も多いかもしれない。

この本の主張はシンプルかつポジティブで、「単身女性で家族がいなくても老後は大丈夫だ」というものである。言いかえれば上野氏はここで、標準的な家族像、幸福像に悩まされ、自分の人生をうまく追求できない単身女性に、「あなたは個人主義者でよいのだ」と救いの手を差し伸べている。その功績はとても大きい。筆者は対象読者とは性別も世代も異なるが、それでも随所で頷きつつページをめくった。まずはそれを記しておこう。

しかし、そのうえでどうしても気にかかる点があった。

単身女性でも老後は楽しく生きていける。それはそうだが、やはり資金は必要だ。ではその資金はどこから来るのか。上野氏はそこで、団塊世代は持ち家率が高いと指摘したうえで、つぎのように述べる。

「団塊世代には、大都市圏に移任してきた次男坊や三男坊とその妻がつくりあげた核家族が多い。親からなにも受け継がなかった代わりに、自分一代で築いたものを自分一代で使いつぶすのは勝手だ。団塊ジュニアはあてがはずれるだろうが、そこは自己責任と思ってもらおう」。「団塊ジュニアが［……］老後を迎えるまでのあいだに、高齢者が個人でストックを貯めこまなくても生きていけるだけの社会保障システムが、日本に確立していることを期待しよう」。「子どもへは正の贈与も負の贈与もやめる。子世代の自立には、これがいちばん。実のところ、団塊世代の親には、子の世代に気前よく贈与を与えつづける余裕などないはずだ」（165〜166ページ）。

団塊世代（の女性）は個人主義を貫けばよい、死後に財産を残すことなど考えず幸せに邁進せよ、というのが上野氏の主張だ。筆者はその主張を前に考えこんでしまった。

引っかかった点は3つある。まず第一に、団塊世代は独力で資産を積み上げてきた、という自己認識について。これはほかの世代から反発を買いそうだ。

前回筆者はこのコラムで、若手論客の赤木智弘氏を取り上げた。彼に代表されるように、団塊ジュニアからロスト・ジェネレーションにいたる世代には、団塊世代は高度経済成長の果実を独り占めし、しかも年金や財政破綻など、膨大な負の遺産を次世代に残したとの認識が広まっている。「希望は戦争」といった極端な言論が出てくる背景には、その世代間格差がもはや絶対に埋められないという絶望がある。その立場からすれば、団塊世代はせめて私的に遺産ぐらい残すべきであって（だって団塊ジュニアは年金も貰えないし資産も形成できないのだから）、上野氏の主張は「既得権」への最悪の居直りだということになるだろう。

第二に、いまの点と関連する話だが、団塊ジュニアの老後問題について、将来の社会保障の充実に「期待しよう」と突き放した点。ここには上野氏の異様な冷淡さが現れているが、それはそれでいいとして、そんなふうに突き放して済む問題だろうか。

上野氏が提案する老後生活は、年金と資産運用で成立することになっている。しかし、少子高齢化が進むなか、日本の社会保障がいつか破綻するのはだれもが知っている。それは必ずしも団塊ジュニアだけが直面する問題ではない（ましてや団塊ジュニアの「自己責任」によるものでもない）。団塊世代もあと20、30年は生きる。年金制度も介護保険も現行のまま続く保証はない。そんな環境のなか、これからは高齢者にも応分の負担が求められていくことになるだろう。社会保障制度を維持するためには、団塊世代も生前にかなり譲歩しなければならないはずである。つまりそれは彼ら自身の問題なのだ。

そして第三に、筆者がもっとも不審に思うのは、上野氏がこれらの問題を自覚していないわけがないという点だ。

実際、本書の3か月前に出版された著書、三浦展氏との語り下ろし対談『消費社会から格差社会へ』（河出書房新社）では、上野氏の論調は微妙に異なっている。そこでは彼女は同世代に厳しい目を向け、日本社会の将来に対してもおおむね悲観的だ。団塊世代の個人主義が団塊ジュニアの下流志向を産んだ過程を、上野氏は冷笑的に見ている。少子化対策を問う三浦氏に対して彼女は、日本なんて滅びてもいい、女性が不当に子育てを強要されるよりそちらのほうがましだし、そもそも戦後日本はダメな連中しか育ててこなかったからこうなった、と言い放つ。そんな国ではおひとりさまの老後こそおぼつかないはずだが、筆者はむしろこの「暴言」のほうに上野氏の誠実さを感じる。彼女の個人主義は、じつはそのような酷薄な現実認識と表裏一体なのだ。

だから上野氏は上記の2点など理解しているはずである。にもかかわらず、『おひとりさまの老後』では上野氏のそのような面が巧みに隠されている。そこが居心地が悪い。

本書は言ってみれば、上野氏が同世代の女性に対し「みんな、これからはわがままに生きましょう」と呼びかける書物である。現代女性を取り巻く状況を考えたとき、上野氏がその呼びかけが必要だと考えた理由は理解できる。

しかし、わがままに生きるとは残酷に生きるということでもある。上野氏のアドバイスは要は、運の悪い子の世代は見捨てて老後を楽しもうというものであり、それは残酷と言えば残酷だ。筆者はその考えそのものはアリだと思うが、そこで自らの残酷さを隠すために世代対立を導入し、団塊ジュニアの「自己責任」を持ち出すのだとすれば、それは不当と抗議せざるをえない。

筆者は、上野氏の立場をあるていど理解しているつもりである。しかし、それでも筆者は、団塊ジュニアのひとりとして、本当は彼女のような論客にこそ子の世代の将来について考えてほしいと思う。その理由は単純に、親が子がという以前に、団塊世代も団塊ジュニアもそれ以外の世代も、基本的にみな同じ社会で生き、同じ問題に直面しているからである。そしてそれは協力して解決すべき問題だからである。もし団塊世代が団塊ジュニアに対し「贈与の余裕などない」と言い出すなら、筆者たちの世代はまったく同じ言葉を団塊世代に返すだろう。それでは本当に国が滅びる。

日本の言論界は、なぜか世代の共通感覚に支配されている。世代の壁はこの国では、地域よりも階級よりも、ときに性別よりも強い。『おひとりさまの老後』も筆者には、女性のための書物である以上に、団塊世代のための書物であるように感じられた。しかし、いま必要なのは、複数の世代がみな同じ目線と関心で読める、世代横断的な（でも家父長制的ではない）家族論や社会保障論ではないだろうか。（「東浩紀ジャーナル第9回・言論は世代を超えられないのか？」『SIGHT』VOL.36、二〇〇八年、174〜177ページより。冒頭部分は割愛してある）

──ここに書かれている批判は、『おひとりさまの老後』に向けられ得る批判を凝縮したものでもあると思いますので、これに応答していただきたいというのがインタビューをお願いするきっかけでした。

近年、ロスト・ジェネレーション論壇などと言われる、現代の格差社会の中で底辺に置かれた若者たちの苦境に照準した言説が一定の存在感を獲得しています。彼らの議論には、先行世代、とりわけ団塊世代と自分たち（団塊ジュニア）の置かれた社会的・経済的の落差に対する鬱積、不満といったものが多く見られるように思えます。

こうした状況の中で『おひとりさまの老後』という本がどのように読まれ得るのかということを、東さんのこの文章は集約的に語っている部分があるように思います。ブログやネットの書評などで、『おひとりさまの老後』の感想を見渡してみると、「リッチな団塊シングル女性を特権化している」「ごく一部の女性にしか当てはまらないような老後モデルを提示しているのではないか」、そして「今の若者たちを突き放しているのではないか」というような批判を読むことができました。私の知り合いでも同様の印象を持つ人はちらほらと見かけますし、そういった印象は少なくない人が持つように思えるんですね。

基本的には「すべての人に当てはまるモデルを提示する必要はない」と思うのですが、世代間の再配分、自己責任という問題系については、ここで上野さんに直球で応答をしていただいたほうがいいのではないかと思います。

上野　まず、東浩紀さんの文章には「言論は世代を超えられないのか？」というタイトルが付いていますが、そもそも世代を超える意図なく書かれたものを、超えられないからといって批判するのは、単なる外在的批判、ないものねだりというもので、虫について書かれたものに鳥について書いてないと言うのと同じような批判です。この本は、同世代の私と同じような状況にいるシングル女性のために書かれたわけで、いわば自助努力、自己救済の本です。自己救済の本が、オレたちも救ってくれないからけしからんというのは、批判になっていません。それがまず第一です。

それから二つ目には、「私と同じような状況にいるシングル女性」といっても、上野千鶴子本人の社会的な立ち位置は高学歴・高所得、しかも正規雇用者ですから、この本は上野の書いた老後の本というだけの理由で、上野に通用するシナリオは私たちには通用しないという、著者に対する短絡的な批判があります。しかし、この本を実際に読んでもらえればわかるように、中間層のマジョリティの経済階層で生きてきた庶民女性にも手が届く解を、具体的な事例に基づいて提示しています。例えば入居金数千万円もするような富裕層向けの事例は全く出てきませんし、特権層向けの解を避けるようにしました。そこを踏まえた批判なのかどうか。読みもしないで、たんに上野が書いたからけしからんという、全く批判以前の反応のような気がします。

そのことを踏まえて、まず東さんの批判とおっしゃるものをブレークダウンして、どこが批判点かということを一つひとつ言っていただけますか?

団塊世代はゼロからのスタートだった

――東さんの書かれた文章は短いものなので、なかなか伝わりにくいところがあるんじゃないのかと思うので、私なりに補いながら質問させてもらいます。

東さんが引用している「親からなにも受け継がなかった代わりに、自分一代で築いたものを自分一代で使いつぶすのは勝手だ。団塊ジュニアはあてがはずれるだろうが、そこは自己責任と思ってもらおう」という箇所に引っかかった人は多いと思うんです。

先ほど話したように、団塊ジュニアからロスト・ジェネレーションにいたる世代の論壇的言説には、団塊世代と自分たちの置かれた社会的状況の落差に対する鬱積、不満が見られます。団塊世代は、高度経済成長の果実を独り占めし、しかも年金や財政破綻など、膨大な負の遺産を次世代に残したのに、後の世代に対して「自己責任」とは何事かと。この批判に対して、上野さんはどのようにお考えですか。

上野　まず事実認識からいきましょうか。事実認識からいうと、団塊世代は、先行世代から正の贈与も負の贈与も引き継ぎませんでした。東さんは「『既得権』への最悪の居直りだ」と、この事実認識が誤っているかのように言っていますが、何を根拠にそう言うのでしょうか。

――東さんやロスジェネの批判は、事実認識そのものよりも、相対的な社会的充足感みたいなものを問題にしていると思うんです。が、そちらへ話を移す前に、事実認識という点で言えば、団塊世代が若かった頃の平均的な暮らし向きが、今の下流と呼ばれている若者に比して恵まれていたわけではないし、安定した社会システムが整っていたわけでもない。単純な意味では、言い方は悪いですけれども、団塊が若者だった時期よりは、今の若者の置かれている状況は「改善」されている。

上野　はるかにそうですね。

――「今の若者のほうがかつての若者よりも恵まれていない」とは言えない。

上野　学歴についても確実にそうです。

――若い頃恵まれていた団塊は、恵まれていないジュニア世代に負債を負っている、というのはミスリーディングだということでしょうか。

上野　その通り、全くの間違いです。世代間の贈与関係についてざっくり言うと、近代化のプロセスで、初期の都市移民世代は、親から正の贈与を受けないどころか、負の贈与（つまり子から親への逆贈与）をしてきました。つまり仕送りするとか、出稼ぎに行くとか、家族の進学を自分の働きで支えるとか、場合によっては身売りして家計を支えることまでして負の贈与を背負ってきた人々です。その後に登場した団塊世代は、親の世代から正の贈与も引き継がなかったが、負の贈与も背負わずに済んだ希有《けう》な世代だと思います。

学歴に関しても、団塊世代は親の教育投資効果がそんなに顕著に現れていません。高学歴者と親の経済階層が今ほどは相関してない世代です。それからもちろん、塾や予備校のような教育投資も今ほど親から受けていません。物質的にも、今の学生の生活水準は、団塊世代の大学生の生活水準より圧倒的に高いです。団塊世代には親に経済力がなくても進学し、仕送りがなくて自分で学費を稼ぐ苦学生が大勢いました。アルバイトで親に仕送りしている学生までいました。したがって、学歴資本の形成も単純に親からの贈与だったとは言えません。ただしそれができたのは、中卒や高卒でただちに働いて親に負の贈与をすることを親から期待されなくてすんだからです。次男坊や三男坊がまだ相当数いたこととも関連しています。それを私は、親からの正の贈与も負の贈与もなかった、と言っているのです。それは今の団塊ジュニアが、学歴資本は親からの当然の贈与だと考えていることに比べると、著しく違いがある。そこのところは事実認識として踏まえてもらわないと大変に困ります。

そのうえで、経済階層を語るときに多くの人が間違うのは、フローとストックの両面を見ないこと。ストック形成に関していうと、親世代からの正の贈与がなかった、つまりゼロからのスタートだった団塊世代が千葉や埼玉の首都圏郊外住宅地に持ち家を取得していった過程は、一生を抵当に入れて社畜化することによって初めて形成された、惨憺《さんたん》たる犠牲のもとの達成であって、親世代からのストック移転ではないということははっきり踏まえておいてもらわないと困る。だから、団塊世代の持ち家は一代資産なんです。

団塊世代の次の世代が、メンタリティとしてストック形成の志向を持つか持たないかについて考えると、一般的に団塊ジュニア世代は、親世代がすでにストック形成をしてきたことから、ストック形成のモチベーションを持たないで育ってきています。少子化世代の息子や娘たちは、結婚すれば自分か自分の配偶者の親のストックを継承できると期待できたからでしょう。子世代がストック形成の意欲を持たなかったことの責任は誰がとるかということですが、少なくとも親世代の形成したストックを自分の既得権だと見なす権利は子世代にはないはずです。

それだけでなく、ストックに経済資本のほかに文化資本を含めれば、学歴資本形成については、団塊世代の親は子世代にものすごく所得移転しています。それには父親のみならず、母親の所得移転がすごく大きい。子どもの高等教育在学期間に母親の就労率は上昇します。これはデータで実証することができます。ここまでしてもらって、何をそのうえ要求するんでしょう。

団塊女性にストックはない

――そういう経済的な資本や学歴資本の移転に関しては、客観的に見ればそのとおりかもしれません。しかし、東さんやロスジェネの主張を汲み取るならば、彼らは、絶対的な経済的財に関する世代間不均衡配分ではなくて、社会的な承認欲求に対する充足感を問題にしているんじゃないでしょうか。それをどう定義するのか非常に難しいんですけれども、とりあえず、「将来的に社会がよりよくなっていって、自分もその社会の一員として、尊厳ある生活を送ることができる可能性への信憑《しんぴょう》」と言っておきます。そういうものを団塊世代は若い頃に持つことができたが、俺たち今の若者はそれを持つことができないじゃないか、と。それどころか、ニートだのパラサイトなどと呼ばれて社会的に排除されている。社会的な承認、充足みたいなものを世代間で公正に再配分してくれ、そのためには金も要る——つまりロスト・ジェネレーションを社会的に包摂してほしい——というような主張のような気がするんですね。

上野　団塊世代は、たまたま日本の高度成長期と青春期が一致したために、現在よりも将来にわたって事態はよくなるという希望を持つことができた。けれども、誰も時代を選んで生まれてきたわけじゃないので、それを世代的な責任かと言われればそうは言えないでしょう。例えば、戦争中に青春期を送った若者たちは、20歳が自分の寿命と考えて生きてきたわけですね。極限的な閉塞感ですよ。そのことに対して、もちろんそういう運命を彼らにもたらした上の世代をその当時の若者が批判することはできたでしょう。でも、その前の世代、大正モダンの時代にモガ（モダン・ガール）・モボ（モダン・ボーイ）として青春を謳歌《おうか》した世代に対して、お前らいいめを見やがって、と言ってもしかたがないでしょう。

——でも、そのあたりが引っかかっているんだと思うんです。ある特定世代に生まれてきてしまったことの責任を引き受けてほしい、ということなんじゃないでしょうか。倫理学でいう「モラル・ラック（道徳的運）」の責任が問われている。

上野　そういう問題の立て方だとほとんど気分の問題、世代のエートスの問題になってしまうので、そこに話を飛ばす前に、もっと事実関係をきっちり詰めていきましょう。

先ほど説明した世代という変数のほかに、ジェンダー変数がものすごく重要です。団塊世代の男女は全く別の人生コースを歩みました。今言ったストックの話は全部、団塊の男にしか当てはまりません。団塊世代のストックはほとんど90％以上が男名義で、女のものではありません。だから、団塊世代におけるジェンダー間のストック配分は著しく男性に偏《かたよ》っていて、ストックという点では女性はほんとうに貧困です。

『おひとりさまの老後』を書いたのは、高齢シングル女性が抱える無年金、低年金、貧困をどうにかしなければと思ったからです。65歳以上のマクロデータで見たら、貧困の女性化は明らかで、とりわけ80代以上の超高齢シングル女性は、貧困そのものですよ。

『おひとりさまの老後』が出している解は、現在の50代、60代には当てはまりますが、80代以上の女や40代以下の女には当てはまらない。当然です。そのようには書かれていないからです。80代以上の女性の問題は、この本では全く解決できません。

じゃあ、今の50代～60代の団塊世代の女たちに何が可能なのか。団塊世代の女たちは、既婚率が著しく高く、離婚率が相対的に低かった世代です。婚姻《こんいん》の安定性が高かったわけです。それから、夫の雇用労働者率が高かった。これだけの条件のもとで、夫たる男は、社畜化してストック形成してきました。ただ、夫の社畜化の過程で、妻や子どもは大きな犠牲を支払っています。専業主婦の妻たちは、社畜化した夫に連れ添って看取《みと》るという「上がり」までいけば、ご褒美がいただける。それが、ストックつまり遺産の相続とフローつまり遺族年金の受給権です。遺産の相続権は妻に手厚くなって2分の1まで増えました。それから、遺族年金の受給額も増えて4分の3になりました。

つまり、夫の看取りまでやればある程度のご褒美はもらえます。けれども、そのために50数年間にわたって、場合によってはDVを含む犠牲を払っているということは絶対に忘れてほしくない。途中で投げだして離婚したら、すべての権利を失います。最近の離婚時年金分割権でようやく少しはましになりましたが。だから、遺産相続権を持ち、遺族年金を受給する女性たちは、自分たちの無形の貢献――見えない貢献というよりも「無視されてきた貢献」ですが、私はそれをアンペイドワークと呼んで、一貫して主題にしてきました――に対する当然の報酬だと彼女たちが考えても無理がないぐらいに、実のところはちゃんとコストを払って手に入れたものです。このジェンダー格差は絶対に見逃してほしくありません。

二つ目に、結婚の外にいる女たちはどうか。婚姻率が著しく高かった時代に、非婚シングルを選んだ女は絶対的な少数派です。同世代人口で5％に満たない数ですね。その女たちは、親から正の増与も負の贈与も受けず、しかもありとあらゆる職業上の差別に耐えて、自分で自分を養わざるを得なかったから、大概のシングルの女たちは何らかの形で雇用を継続しています。私もそのひとりです。私はたまたま正規雇用に恵まれましたが、大半の女性は低賃金の雇用ですよ。日本で定年までの雇用継続を果たした最初の世代は、戦争で結婚相手を失った「独婦連（独身婦人連盟）」のシングル女性たちです。戦争未亡人なら恩給がもらえましたが、若すぎたので未亡人にもなれなかった世代ですね。

ただ、ジョブセキュリティーは現在よりは相対的にあった。どんなに低賃金で、男性の補助職で、下位に固定された業務を定年まで一生続けてきた人たちでも、雇用の継続は保障されました。このことによって、フロー収入の安定と年金権の取得とわずかながらのストック形成をやってきた。この女たちが自分の老後を考えたときに、ささやかなシナリオの提示ができる。それがこの本でも紹介した西條節子さんたちの事例（『おひとりさまの老後』66ページ参照）で、彼女は自分のようなシングル女性でも手が届く選択肢を示そうとしました。入居金380万のシニアハウスはけっしてぜいたくではありません。これは、制度も、家族も、行政も、どんなバックアップもないところで、シングル女性という絶対的少数派が自助努力でつくり出した解だったということを忘れてほしくない。そのような自助努力の果てに生まれた女性たちのシナリオを見て、そのうえ、オレたちの面倒まで見ろと下の世代は言うのでしょうか。

ストック劣化という予想外のシナリオ

――もう少し食い下がらせてもらいます。「事実」で応答するのはもちろん重要ですけれども、一方で、団塊ジュニア言説がリアリティを持っている、というのも社会的な「事実」です。それを分析するのも社会学の役目だと思うんですね。

上野　いいですよ。でも、そこに行く前にまだ詰めておかなきゃいけないことがあると思う。それは、これから先の超高齢社会で、団塊世代が形成したストックをめぐって、世代間でどのような綱引きが起きるか、ということです。

まず、親世代は、ストック移転の意思を持っています。これはデータを見ればわかります。自分の持っている遺産を子に残したいと思うか、それとも使い果たしたいかという問いに対して、2対1で、多数派が残したいと言い、少数派が使ってかまわないと答えています。

ただ、ここでシナリオの目算違いが起きる可能性があります。なぜかというと、団塊世代は今日のような著しい超高齢化を予測しなかったからです。だいたい70代ぐらいに平均寿命で死ねるかと思っていたら、今は、80代、90代を予見しなければならなくなりました。しかも、要介護状態になってから長期の介護期間が継続することも想定外でした。

想定外の事態に対してどんなことが起きるでしょうか。今の介護保険は利用量に上限がありますから、十分な介護ができないことがわかっています。そうすると、介護を最後まで自己負担でやるためには、自己資産をフロー化するかどうかという決断を親世代は迫られることになります。このとき、親世代には子世代との関係で二つの選択肢があります。お前の世話にはならないが、そのかわり自分の資産は使いつぶして死ぬよ、という選択肢か、さもなければ、お前に資産は残すから、そのかわり介護は頼んだよという選択肢か。そうなったら子世代はどちらを選ぶでしょう。これがシナリオの目算違いの第一です。

もうひとつはもっと怖いシナリオです。営々と一生を抵当に入れた資産価値が劣化しています。劣化した最大の理由は、首都圏バブルがはじけたということ以上に、団塊世代の持ち家の主たるものが集合住宅だったところにあります。

――郊外に広がるニュータウン的なものですね。

上野　日本では、資産は土地資産にしか価値が発生せず、家屋には査定も評価も発生しない傾向があります。担保力は土地資産しかありません。土地資産の評価は地域間格差が非常に大きい。首都圏は地価が下落したといっても、相対的な下落度は低い。他方、地方都市は著しく下落しています。そうすると、地方都市や首都圏からうんと離れたところに住んでいる人たちは、たとえ土地建物が残っても、資産価値がありません。

首都圏で一戸建てを取得できなかった人たちの多くの持ち家はマンションです。マンションの資産価値は劣化が激しい。20年たてば劣化が始まり、40年たてばスクラップになり、ニュータウンはスラムになります。これも団塊世代の目算違いのひとつですね。これを言うとみんなパニくるからあまり言わないようにしていますが。リバースモーゲージ（不動産逆担保融資）では、マンションは担保価値がありません。そうなったとき子世代はどうするでしょうか。

——そうすると、団塊世代が残していたストックは、劣化したものである可能性が一般的には高いですよね。受け取ることができて万々歳みたいなケースはほんの一部で、多くの人は、そんなもの引き継いでも……。

上野　仮に、親の資産が劣化したといっても、子世代が、自分がそれを劣化した形で引き継ぐことに対して怒る資格や権利があるでしょうか？　親世代も自分の資産形成のために営々と働いてきたんだから、同じように自分たちも自力で資産形成をやるべきだと普通は考えるのじゃないですか？

何でそんなものを当てにする権利や資格が子世代にあるのか、私には理解できない。「おまえらだって前の世代から受け継いでいるだろう。だったら自分たちが受け継ぐのは当然だ」という言い分だったらわかりますよ。でも、事実はそうじゃないと言っているのです。いいですか。高度経済成長は、フロー・リッチを生みました。ストック・リッチについては話は別です。フローをストックに変えたのは団塊世代のストック形成のモチベーションと社畜化ですよ。団塊の親世代が、自分の一生を抵当に入れたということを忘れないでくださいね。それじゃないとローンは組めませんでしたから。しかも35年に及ぶ長期ローンですよ。

非正規雇用が問題化した背景

――むろん、団塊世代が全く楽をして生きてきた、なんて思う人はいないでしょう。実際団塊男性たちは社畜になること、30年以上のローンを抱えて生きていくというライフコースを「余儀なくされた」わけですから。しかし、社畜になることによってほどほどの社会的承認を受けることはできた。一方、現在の非正規雇用の若者たちは、「社畜になる権利」すらないわけです。社畜になる権利を得たうえで、それを行使しないというのではなく、端的に権利がないとされてしまう。

上野　社畜になりたいわけだ。

――今の状況から抜け出すことができるなら、親や友人、世間がほどほどに承認してくれるような場所を与えてくれるなら、社畜になってもかまわない、という人はいるかもしれませんね。社畜になれば、体はきついかもしれないけれども、親は一安心だし結婚もできるかもしれない。団塊世代は、高度経済成長で形成されたシステムの中でライフコースを描けたじゃないか。それが社畜として縛られることであったとしても、そして一定のリスクを負って、相応のコストも払ったのだとしても、人間として社会で生きていくうえで必要な承認は得られていた。団塊世代は、親から資産を与えられていないかもしれないが、言ってみれば社会から資産と尊厳を与えられたようなものなんじゃないか、と。「自助努力で生きていける」という希望と権利を手にしていた団塊世代――それに比して、現在の若者は自助努力をしていくうえで必要な社会的環境を与えられていないにもかかわらず、自己責任論を押し付けられる――は、社会から、モラル・ラックによって利益を与えられたのだから、ちゃんと社会的な世代間責任を果たしてくれ、ということですね。

モラル・ラックによって、たまたまそこに生まれ落ちたにすぎないとはいえ、「自助努力すればなんとかなる」と思えるような社会環境の中で、一定の利益を得てきたのだから、後続世代に対して一種の責任があるだろう。少なくとも「自助努力が足りない」と言って若者を責めるのは筋違いではないか、と。「自助努力すればなんとかなる」と思えるような社会環境が壊れた状況のもとで苦しんでいる――あまつさえ、自助努力が足りないと説教されてしまう――若者たちに、ちゃんと応答責任を果たしてくれというわけです。

上野　雇用のパイは、世代が生み出したものではなくて、景気が生み出したものです。それに世代的な責任はありません。あるとしたら、雇用の過度の規制緩和をすすめた政府財界与党とそれを支持した有権者に責任があるでしょう。そしてそれ以前に、ジェンダーという視点から見ると、そのパイから女は組織的・構造的に排除されてきました。

それだけでなく、雇用だけが労働の形態ではありません。日本では自営業者の比率もけっこう高いです。終身雇用・年功型賃金・企業内組合という、いわゆる日本型経営の3点セットの恩恵にあずかれる労働者の数は、80年代でも全労働者のうちの17%という数字があります。そのぐらいのものなんですよ。団塊世代の分け前をよこせという人たちは、学卒の大企業雇用者しか目に入ってないんだと思う。自分の家庭環境がそうだからなんじゃないですか。

それだけではありません。正規雇用のパイをよこせと若者は言いますが、非正現雇用の問題は最初は女性の問題でした。そのときにはメディアも、研究者も（女性学の研究者を除いて）、誰も問題だと言いませんでした。

——男が非正規雇用になると、社会問題化されるようになる、と。

上野　はい、そのとおりです。非正規雇用の問題が脱ジェンダー化した。つまり男も格差の対象になって、初めて問題だと言い始めました。もうひとつは、高学歴化。非正規雇用が中卒や高卒の低学歴層の問題である間は誰も問題だと言いませんでした。60年代に「金の卵」

と呼ばれた中卒者たちが集団就職で都会へ移動した。工場だけでなく、サービス業などに就きましたが、離職率も高かった。離職した彼らがその後どうなったか、フォローする調査はほとんどありません。これに対して、高学歴の男性すら非正規雇用、使い捨て労働力になったときに初めて「格差」が問題化されました。これは歴史的に記憶しておくべきことだと思います。

——つまり、言論生産に携わる可能性の高い高学歴・男性層が、使い捨て労働者となるようになったからこそ、社会問題化したのであって、それ以前の女性や低学歴の非正規雇用、使い捨て的雇用形態は、問題として構成されなかった。そこにジェンダーバイアスがある。高学歴男性の非正規雇用が社会問題化されるにつれ、遡及《そきゅう》的に「かつての高学歴男性たち（のみ）が享受していたライフコース」が「かつての日本人が普通に享受していたライフコース」として思い描かれるようになった、ということですね。ではそのライフコースが本当に一般的な、「普通のもの」であったかどうかは怪しい。女子労働力率のM字型曲線の底が一番深かったのが70年代半ば、すなわち団塊が20代後半であった時期ですが、その最も深い底であっても女子労働力率は40％を超えている。「サラリーマン（社蓄）＋専業主婦＋２人ぐらいの子ども」という、「ささやかな、普通の幸せ」を体現しているように見える世帯は、実はそれほど「ささやか」でも「普通」でもない。標準世帯モデルに当てはまるような世帯の比率は一番高いときでも、それほどの数字ではなかったように記憶していますが。

上野　夫婦と未婚の子のみからなる核家族世帯は60年代でも４割台ですし、今は３割台にすぎません。ただし、核家族世帯は、世帯構成だけで見ていますから、夫がサラリーマンで妻が専業主婦という厚労省の想定する標準世帯とは違います。実際には自営業者もいるし、いろいろある。だから、正社員にさせろという人たちは、選ばれた特権層だけを視野に入れて、本来ならば目分たちもその層に入れたはずなのに、と言っていることになります。「オレたちも特権階級にならせろ。その資格条件があるのに」と言っているわけです。ジェンダーのうえでも、階級のうえでも差別的発言ですね。

エリート女性のネオリベ化がもたらしたもの

――たしかに、そこにはある種の逆説があるのかもしれません。団塊世代の世代的特権性を批判する人が、団塊世代の中でも特異な位置にある特権層を標準として捉え、「失われた既得権益」としての「特権」を要求する、ということですね。新しい特権階層、新しい既得権益保持者としての強者女性――まさしく上野さんのようなエリート・フェミニストですね――が、男性弱者のことを考えていないのではないか、という問題提起がなされたりもしています。赤木智弘さんは、「正社員であることが利権である以上、ウーマンリブの論理が弱者男性から社会参加の可能性を奪っていることには違いない」と言っています（『深夜のシマネコＢｌｏｇ』二〇〇六年七月六日）。それは上野さん的な視点からすれば、敵を見誤った錯誤ということになるんでしょうか。

上野　まず経済力を持ったエリート女性を、「フェミニスト」と呼ぶのは端的な間違いであることを指摘しておきたいと思います。ウーマンリブが正社員になることを要求したというのは間違いです。それどころか、１９８５年の男女雇用機会均等法成立のときには、女が総合職になることがフェミニズムのゴールだろうかと、疑義が出されているくらいですから。

リブもフェミニズムも一貫して「男なみの働き方」を批判してきました。たしかにキャリアウーマンはいますが、彼女たちは多数派でもなければ、かならずしもフェミニストでもありません。赤木さんの言い分は、たんなる無知ですね。よく知らないことに対して見当違いな批判はしないものです。赤木さんの批判は、錯誤というか、ねじれです。つまり、弱者は自分が一番叩きやすいターゲットを見つけるということです。なぜ彼らは既得権益を手放そうとしない強者男性をターゲットにしないのでしょう。叩きにくい強者はターゲットにしない、それは弱者の攻撃性が向けられるセオリーどおりの展開です。

ネオリベ改革が女性に対して、困った影響があったということには同意します。フェミニストはそれを支持しているどころか、批判する側にまわっていることは忘れないでください。多くの人たちは、２０００年代になってから格差が拡大したと思っているようですが、女にとってのネオリベ改革は、85年の均等法から既に始まっていました。外からはネオリベ改革と国策としての男女共同参画行政が手を結んだように見えたでしょう。それが、今のバックラッシュ派にとって格好のターゲットを提供しました。

単純化して言うと、ネオリベ改革は二つの効果をもたらした。そのひとつは、既得権益を持っている層に楔《くさび》を打ち込んで選別・分解するということ、もうひとつは、既得権益のない層にも楔を打ち込んで選別・分解するということです。既得権益を持った層の人たちは、既得権を失うことで、危機感や不安感が高まります。既得権益を持たない層の人たちはマイナスやゼロの状態から抜けだす可能性が出てくれば、改革を歓迎するでしょう。

その動きが起きたのが、男女雇用機会均等法のときの女性の分断です。均等法と引き替えでなされた労基法の女性保護規定の緩和や廃止、具体的には夜間労働、長時間労働、残業制限等の緩和を、手を叩いて歓迎した女性労働者たちがいました。管理職やジャーナリストなど、ほんの一握りのエリート女性労働者たちです。この人たちと、このような規制撤廃が起きたら条件が変わらないまま労働強化が起きるだけだと予見した大半の女性労働者たちとは、共闘できませんでした。

保護の撤廃を歓迎した女性労働者の中にはメディアの女性労働者たちがいましたから、メディアも均等法支持のほうにシフトしました。メディアがあまり報道しませんでしたから多くの人は知らないかもしれませんが、男女雇用機会均等法の成立をめぐって、当時、多くのフェミニストは反対に回りましたし、今日に至るまで均等法は功罪半ばと評価されています。均等法の成立は日本の女性運動の敗北だと位置づける人までいます。私も均等法のもたらした効果については、否定的な一人です。

均等法は、既得権を持たなかった層にも楔を打ち込んで、選別と競争を持ち込みました。「機会はあげよう。望むなら総合職にもならせてあげる。男なみに働いたら男なみの均等待遇をあげよう」というわけです。たしかに機会均等になった結果、同じチャンスを与えられた女性は能力を発揮した。女性にリーダーシップがないと考えられていたのは、たんにそれを発揮する機会を与えられなかっただけだったからだ、ということも明らかになりました。今や競争が厳しくなったグローバルマーケットのもとで、使える女は誰でも使おうということになり、使える女は応分の処遇を受けていきました。その際、選別に勝ち残ったいわゆる「勝ち組」の女たちが、既得権を持てるはずだったが当てが外れた「負け組」男たちの怨嗟《えんさ》の対象になるという構図が成立しています。ここにあるのは性差別意識でしょう。女だと叩きやすいから、叩く。彼らはどうして「勝ち組」のエリート男を非難しないのでしょうね。

――そこは難しいところですね。関東社会学会のシンポジウムでご一緒したときにも申し上げましたが、自分のことを生活水準で「下」だと思っている男性ほど、反フェミ、反ジェンダーフリーに走っているとは言いにくい。むしろ「下」男性は、フェミニズムもジェンダーフリーも「知らない」と答える人が多く、その点に着目したほうがいいのではないか、というのが私の考えです。

それは措《お》いておくとして、その発表の際に用いたデータ（「性差をめぐる意識・価値観、およびコミュニケーション行動にかんするアンケート」調査）でちょっと気になったのが——あくまで「参考」程度の数字ですが——「女は女というだけで損をしている」という質問に対する回答です。男性の場合は「そう思う」が主観的な生活水準上層（上、中の上）で23・5％、中層（中の中）で18・0％、下層（中の下、下）で19・7％ですが、女性の場合はそれぞれ21・5％、27・2％、30・2％となっているんですね。上層の女性の数字が案外低い。もちろん主婦で上層の「主婦系勝ち組」で、「女というだけで損とは思わない」という人もいるでしょうから、専業主婦を除いて見てみると、女性・上層で19・4％と、もっと比率は小さくなってしまう。統計的にどうこう言える数字ではないですし、「女は女であるだけで損をしている」と思わないことがフェモクラット（フェミニズム官僚）的な心性を表しているとは言えませんから、これだけでどうこう言えるわけではありません。もうちょっと調べてみますが、興味深い点ではあります。

上野　少しも不思議ではありません。成功も失敗も自分の努力や能力のせい、と考えることがエリートのメンタリティだからです。たとえ失敗しても、プライドがあるから、自分の失敗をジェンダーというカテゴリーのせいにするのは潔《いさぎよ》くないと思っている。この優勝劣敗、自己決定・自己責任の原理こそ、ネオリベの原理です。だからこそネオリベが入ってきてから、フェミニズムはものすごく闘いにくくなったのです。

その理由は、女性に集団として訴求をすることが難しくなったことです。橘木俊詔さんが最近『女女格差』（東洋経済新報社、二〇〇八年）という本を出しましたが、「今さら」という感じです。すでに15年前、90年代の初めに奥谷禮子さんがその言葉をつくっておられます。さかのぼれば、85年の均等法から女女格差、つまり女性の中に楔が打ち込まれて分断が始まっていました。エリート女性労働者には、ネオリベ原理の内面化が起きていますから、強くて資源のあるパフォーマンスの高い女をフェミニズムは味方にできないんです。それが女性学に対するスティグマ（烙印《らくいん》、不名誉な徴《しるし》）を生みました。研究者の業界でも、「女性学とかジェンダー研究って、アタマの悪い女のやる学問でしょう」と思っている女はいっぱいいます。エリート女性研究者は、「婦人科」ゲットーに隔離されることをいやがり、国際関係論とか保守本流に食い込むことを求めるようになります。そうなると、社会的弱者との連帯などとは言えなくなります。

エリート男性がネオリベ改革を脅威に思わないのは当然。なぜかというと、ネオリベによって彼らはロスをせず、むしろ格差は正当化されてもっとゲインすることになりますから。しかも所得の高い妻というゲインまでおまけに付く。まさに「ゲイン・ゲイン」です。だから、彼らがエリート女性を脅威に思わないのでしょう。

——弱者男性というふうに自らをカテゴライズしている人たち（の一部）の怨嗟というのが、新自由主義的な、ネオリベ的な女性に向かっていくのではなく、「フェミニズム」という記号一般へと向かっていく。そこではフェミニズムが「男女差をなくして競争原理をよしとするネオリベ」と等値されてしまう。

上野　そこには、フェミニズムに対する短絡的な誤解がありますね。たんに「自己主張するわがままな女」と同義になっている。フェミニズムを曲解したうえで、叩く、という汚い手口ですね。フェミニズムがキライだから、そんなふうに意図的に曲解したいのでしょう。そこにはメディアによる誘導があります。たとえば田嶋陽子さんがフェミニストというと、林真理子さんも同じでしょうと言われちゃう。そうなれば、曽野綾子さんだって、上坂冬子さんだってそう。櫻井よしこさんだって、フェミニストということになりますよ！　自己主張する強い女はすべてフェミニスト、という短絡的な誤解があります。

家族を当てにできない若者たち

――話を少し戻します。承認の格差の問題で、「団塊世代は承認を得やすかったじゃないか。それに対して俺たちの世代では承認は、既得権益層が占有する社会的な希少財となっている」という問題意識がある。承認を享受してきた団塊世代が老後で、「やり得」で逃げていくのは許せない、というような批判がおそらくあり得るのではないか。

上野　それは誰による承認？

――社会による承認。

上野　社会的承認を求めるというのは、それ自体、マジョリティの価値に同調しているわけですね。

――とも言えますね。

上野　女性にはそもそも社会的承認はありませんでしたよ。

――それはそのとおりです。でも、「主婦」という意味ではあったのではないかと。

上野　主婦たちがどのぐらい閉塞感に苦しんだかを知るべきです。主婦は社会的承認が得られないからこそ苦しんだんです。

――そもそもベティ・フリーダンの議論の出発点は主婦たちの苦悩にありましたからね。そうした苦悩を理解、分析すべくフェミニズムはいろいろと議論と実践を重ねてきた。非正規雇用の脱ジェンダー化や高学歴化が進みつつある現在、男性についても同じような苦悩の分節化が必要でしょう。それはむろんフェミニストの仕事ではないわけですが、そうした苦悩の分節化をすべく、いろいろな人たちが立ち上がって声を上げているというのが現状であると言えます。郊外主婦とフリーターのどちらの苦悩がより深刻か、というように比較不可能なものを比較しても仕方がありませんから、それぞれの苦境はそれぞれの状況に応じて分節化される必要がある。フェミニストがフリーターの苦悩を解きほぐす必要はない。それはそうなんですが、それにしても、上野さんのフリーター、ニート観が、彼らにとって酷に映る部分もあると思うんです。

たとえば、団塊ジュニアのフリーターが果たして家族を当てにできているのかという点。『おひとりさまの老後』の161ページで、上野さんは、団塊ジュニアの若者を〝年金生活者〟的だと書いています。「団塊ジュニア世代のフリーターは、たしかに日本経済の長期にわたるデフレスパイラルのなかで構造的に生み出された被害者にはちがいない」が、家族が「年金保障」の役割を果たしているがゆえに、「本人たちにちっとも危機感や切迫感がない」、と。

たしかに、家族が年金保障の役割を果たしていて、それが一部の若者の受け入れ先になったというのは事実だと思いますが、そういう人たちは実数としてそんなにいるものなんでしょうか。ほとんどのフリーター、若いワーキングプアにとっては、家族を当てにできないという現実があるように思えます。

上野　それについては世代と時代を、10年ぐらいのタイムスパンで分けて考えないといけません。というのは、山田昌弘さんがパラサイトシングルの調査をしたのは90年代の半ば。当時の対象者である25～34歳シングルの同居率は著しく高かった。彼らの親世代が60代ぐらいです。その後10年たって、親の高齢化が起きます。家族がバッファ（緩衝材）としてのキャパシティを失っていくプロセスはたしかにあったでしょう。

ですが、非正規雇用が増えたのは、家族の問題ではなく、完全に労働市場の問題です。望んでもパイがなければ正規雇用者にはなれませんから。非正規雇用がこれだけ増えて、ついに平均で30％、女性では全労働者の55％。男性ではまだ19％ですよ。非正規雇用は構造的な労働問題であるにもかかわらず、90年代の日本の若年層に危機感や切迫感がないことが私には不思議に思えました。それを説明するのが家族というインフラでした。山田さんが「パラサイト・シングル」の調査をした90年代半ばには、それは当たっていたでしょう。非正規雇用化は10年以上前から怒濤《どとう》のごとく始まっていました。女性に限っていうと、90年代の初めに女性の非正規雇用率は3割。これが10年たつと半分以上に増えました。ほぼ倍増しています。

同じ時期に、労働市場のフレックス化と若年高失業率の慢性化がヨーロッパで起きていました。同じ状況がグローバルに起きていたときに、ヨーロッパではそれが若者の危機として政治化されました。90年代のパリでは、若者たちが「職よこせデモ」をやった。パリの若者たちはかつて68年には政治デモに出ましたが、今度は経済デモに出たわけです。驚くべき変化ですが、同じ状況を同じ経済危機として経験していた日本の若者たちについて、多くの研究者たちが一様に指摘したのは、彼らに驚くほど危機感が薄く、問題を政治化できないということでした。危機感が生じたのは、ようやく最近のことです。

女性の場合には夫と親、男性の場合には家族というバッファがありました。最近になって、経済学者が、日本社会においては家族こそが雇用の調整弁、景気のバッファとして機能していると指摘しているのを読んで、「30年前からわかりきっていたことを、今ごろ言うなんて」と思いました。気がつかないよりはましですが、家族は90年代半ばまでは事実そのとおりの役割を果たしていたと思います。

〝年金生活者〟というのは、生活を下支えするインフラがあることを指します。女がインフラを夫のインフラから親のインフラに乗りかえた結果が非婚化ですよ。非婚化は女の独力で達成されたものではありません。非婚化の進行中も、女性の雇用は改善されていなかったわけですから。女性がきわめて低賃金の非正規雇用につきながら、非婚化という道を選べたのは、親のインフラがあったからです。これがパラサイトです。娘にとっては、顔色を見ながら横暴な夫のインフラに寄生するよりも、親のインフラに寄生するほうがラクでしょう。親の側にも娘への介護期待があります。それが可能になったのは少子化のおかげです。娘しかいない世帯も多いですし、息子がいても結婚で世帯分離をするのが常識になりましたから、娘がいつまでも実家にいつづけることが可能になったのです。

ところが、10年前、90年代のパラサイト・シングル世代の親たちには稼得能力がありました。今や10年がたち、この世代は高齢者になり、親自身が年金生活者になりました。この違いはとても大きい。つまり、家族が景気のバッファとしてのキャパシティを失っていく過程で、家族から女も若者もはみ出していくというプロセスが背後にあるでしょう。

――つまりは現在の団塊ジュニア世代のフリーター、非正規雇用労働者は、家族が景気のバッファとしての機能を失いつつあるなかで、生きていかなければならない状況にある。親も年金で細々と生きているわけだから、「パラサイトシングル」世代の「パラサイト」とは随分様相を違えていますね。

上野　そのとおりですね。

それに加えて、非正規雇用がなぜ問題かというと、賃金格差が諸外国に比べて著しく高いことです。正規雇用の定型的労働は、労使の交渉過程で週40時間労働にやっとなりました。それ以前、週休二日制でなかったときは、48時間。一日10時間労働の時代は、60時間とかですよ。それが労使交渉の結果、やっとの思いで、週休2日で40時間までになった。ＥＵ諸国は35時間の定型的労働を認めろと言っています。定型的労働とは、労使交渉の歴史的産物です。

定型的労働と認めろということは、労働力再生産費用を見合う分だけ支払えということです。つまり、シングルインカム・ソースで、それ以外に一切収入源がなくても生活が成り立つだけ支払えというのが賃金協定だったはずです。それなのに、雇用の規制緩和があり、既得権益を持った正規雇用の男性労働者たちは、規制緩和に抵抗するどころか共犯者となりました。「連合」（日本労働組合総連合会）が最大の共犯者です。この人たちが非正規雇用者の低賃金を犠牲にして、既得権を守りました。

その結果、非正規雇用でありながら長時間労働を強いられることになった。フルパートと呼ばれる長時間パートや派遣、契約等の労働です。定型的労働と同じだけの労働時間、週40時間、月間約200時間働いても、労働力再生産費用を下回るという社会的不公正が行われているることが問題なのです。これは当然、怒るべきです。ニート、フリーターが怒る以前に、ほんとうは女にこそ怒る理由が十分にあります。

誰が得をするのか？

――そうすると、ニートやフリーターの怒りは正当であるということになりますね。

上野　もちろんです。

――ただ、それは、ある種の世代に対して向けられるべき怒りではない、もっと自分たちが置かれている構造へと向けられるべきだ、と。

上野　一番悪いのは、非正規雇用を労働力再生産費用の水準を割ってもかまわないとした、すなわち、はっきり使い捨て労働力にゴーサインを出した、つまり雇用の規制緩和をやった経済団体・政府・与党ですよ。それ以外にないじゃないですか。

――つまり、フリーター、非正規雇用の問題を「世代論」として焦点化するのは、政府、経済団体の思うツボだと。

上野　そのとおりですね。攻撃をターゲットにしやすいところに向けるのは、分断支配の鉄則です。政府・財界・与党の意思決定者に団塊世代もいたじゃないかと言われれば、そのとおりですが、世代論には還元できません。

——問題を世代論に還元すると構造を見失ってしまう。属人化した帰責がしばしば益の少ない陰謀論に帰着してしまうことがありますが、それと同様である、ということですね。たしかに、世の中の資源をゼロサムで考えて、「上の世代はいい思いしたのだから、下の世代にもそのぶんよこせ」と言うのでは、複雑な政治的利害や経済的構造変容が覆い隠されてしまう可能性があります。そこまで粗い世代論を掲げている人はあまりいないでしょうし、また東さんの世代の話もそういう単純なものではありません。ただ、世代論の持つある種の「明快さ」には注意を払っておく必要がある、ということでしょうか。

そうした「世代論」の問題点については理解しているつもりなのですが、同時に、「世代論」というのは、人びとが複雑な社会を解釈していくうえでの認識枠組み、「一次理論」であり、なかなかに根強い需要がある。いろいろな争点について世代論が顔をのぞかせてしまうと思うんですね。たとえば、社会保障、年金の問題。これも粗い世代論ではどうにもならないぐらい複雑な問題であるわけですが、少なくない人たちが世代論的に捉えてしまう。

たとえば、2008年7月23日の日本経済新聞に、内閣府の年次経済財政報告の記事が出ていました。それによると「高年齢層ほど負担増になっても社会保障給付の維持を重視するのに対し若い世代は給付よりも負担の軽減を支持している」ということです。また朝日新聞の世論調査では、「現行の年金保険料について……割に合わないとする意見は働き盛りや若い世代に多く、30代で66％、40代で63％」だったといいます（7月26日）。世代間のこうした意識のズレが、「団塊世代は「やり逃げ」だ」という民間世代論に信憑性を与え、その信憑が意識のズレを再生産してしまう。そういう世代論に問題を還元すると、「悪いのは団塊世代だ」的なわかりやすい構図が描けるわけですね。

上野　攻撃のターゲットを団塊世代や年金受給者に向かわせるのは、政府にとって「超お得」な戦略ですよ。だって年金受給額を抑制するための最大の口実になりますから。政府は高齢者福祉を抑制したくてしょうがないわけですから。

——そういう形で社会保障というか、もっと広い意味で社会的な制度が世代間対立の焦点として容易にフレームアップされてしまうのはたしかにある。それをどうアレンジしていくのかということがこれからの課題ではないでしょうか。この世代論フレームに乗ると、逆に団塊ジュニア世代のフリーター、非正規雇用労働者の苦境が分節化されにくくなるように思います。

上野　そのとおりです。誰が問題をそのようにフレーミングするのかということと、そのフレームアップによって誰がトクするのかを見きわめなければいけません。そうでなければ自分の首を絞めることになります。高齢者にとって安心できる社会保障制度をつくることは、結果的にニート、フリーターにとってもプラスなんですから。

——明快な世代論をこえて、世代横断的な問い——社会保障など——に取り組む。『おひとりさまの老後』の背景にそうした上野さんの社会的連帯への意志を見る必要があるようですね。それぞれの世代が、それぞれの世代の固有性と状況を把握しつつ、世代論によって断絶することなく、世代横断的に問題に取り組んでいく。まさしく喫緊《きっきん》の課題であると思います。今日はお忙しいところ長時間どうもありがとうございました。

補論

団塊ジュニアが生きる社会

団塊ジュニアが「ロスジェネ」になったわけ

団塊世代とその子どもたちの団塊ジュニア世代とは、対照的な関係にあります。

団塊世代は60年代、高度成長期のさなかに青春を過ごしました。焼け跡闇市は生まれる前のこと、記憶にはありませんが、親たちから戦争や空襲の話はたっぷり聞かされました。子ども時代には、戦後復興からとりのこされた空き地がいたるところにあって、子どもたちのよい遊び場だったことを、同世代の橋本治さんが証言しています（『ぼくたちの近代史』主婦の友社、一九八八年）。その空き地も高度成長期にみるみるうちにビルや建物で埋まっていきました。郊外の丘陵が宅地造成され、ニュータウンが生まれました。何より、家族の暮らしぶりがおどろくようなスピードで変わっていきました。呼び出しだった電話機が自宅に設置され、59年の皇太子の成婚パレードは白黒ＴＶで、64年の東京オリンピックはカラーＴＶで見ました。ちゃぶ台がダイニングテーブルに代わり、食卓にはカレーやハンバーグなど、これまで日本人が食べたことのないメニューが並ぶようになりました。

進学した学生時代の下宿にはエアコンなどという気のきいたものはなく、暖房といえば電気ごたつだけ。どてらを着て背中をまるめてこたつに足をつっこんで勉強したものです。大学進学率はおよそ14％、男子が20％、女子が５％。３割を超えると流行現象も陳腐化すると言われますが、大学生がエリートから大衆に変わる過渡期でした。進学率も３割を越えれば、石を投げれば学生さんに当たる、と言われるようになります。同じ頃、地方出身の中卒者たちは夜行の集団就職列車に乗って大都市へ働きに出ましたし、高卒で就職するのは、男子も女子もあたりまえでした。親の側にも、若いもんを家で遊ばせておくだけの余裕はありませんでした。

70年代の初めに学卒で就職したころには、73年のオイルショックにぶつかりましたが、社会にはまだ高度成長の余韻がありました。選ばなければ就職はいくらでもありましたし（ただし男子学生に限ります）、もともとこの世代だけ人口のふくらんだ集団で結婚相手を求めるとなると、それ以前よりは相対的に年齢差の小さい相手を選ぶほかない「友だちカップル」が次々に結婚していきました。男女共学の世代、学生時代にカップルになっていた男女が、「女の子はクリスマスケーキ」と呼ばれた結婚適齢期を逃すまいと、早めに結婚していったのです。というより、実は避妊がへたくそでつぎつぎにできちゃった結婚していったのが実情でしたが。この世代の婚姻率のピークが73年、出生率のピークも同じ頃。大半はハネムーンベイビーかそれ以前にしこんだ赤ん坊の父と母に、結婚して1年以内になっていきました。

その子どもたち、71年から74年までの第二次ベビーブームに生まれた子どもたちを団塊ジュニアと呼びます。結婚年齢には男女差がありますから、70年代の前半に生まれた子どもたちは、団塊女を母とし、70年代後半に生まれた子どもたちは団塊男を父とする割合が高いので、広く70年代生まれを団塊ジュニアと呼ぶ人もいます。人口構成を見ると、団塊親の世代のせいでぽこんとそこだけ人口がふくらんでいる山を、団塊ジュニアはもう少し小さな規模でくりかえしています。戦争から復員してきたお父さん……たちが仕込んだタネのツケは、2世代にわたって影響を与えました。

その団塊ジュニア世代に属する子どもたちは、1990年に大学進学率が男子33・4%、女子15・2%に達しています（短大進学率の22・2%を合計すると37・4%になります）。十代のころには高校進学率がほぼ100%に達し、「高校全入時代」とまで言われました。

この子どもたちは、小さい頃から個室の子ども部屋を与えられました。塾やおけいこごとに通わされ、「未塾児」のほうがめずらしくなっていました。子ども部屋にはエアコンやオーディオがあり、子機つきの電話機やポケベルも普及していました。かれらが10代の頃には、バブル景気に浮かれる「新人類」（1960年代生まれの日本人をそう呼びます）などが取りざたされたものですが、まだ学校に行っていた子どもだったので、バブル景気のうまみは味わっていません。問題はかれらが大学を卒業する90年代半ばにはバブル景気がはじけており、就職氷河期にもろに直面したことです。学卒者の就職内定率がいちじるしく下がり、新卒時から非正規就労の周辺労働市場に投げこまれる若者（とりわけ女子）が増えました。それでも若いうちはアルバイトやフリーターでもいずれ正社員に、と期待を持てるあいだはよかったのですが、日本企業の景気は回復せず、年功を重視する日本型経営のもとでは入り口でいったんつまずくと敗者復活戦はむずかしく、低賃金の不安定就労が固定化したまま「もはや若者ではない」年齢に達してしまった人々……この人たちが「ロスジェネ」こと「ロスト・ジェネレーション（失われた世代）」と呼ばれるようになりました。

非婚化する団塊ジュニアたち

２０１０年代の今日、団塊ジュニア世代は、30代後半、もうすぐアラフォーになりつつあります。この人たちは、男女ともに婚姻率が低く、男性はほぼ3人にひとり、女性はほぼ5人にひとりが「おひとりさま」で、この非婚状態はおそらく生涯つづくであろうと予測されています。だから団塊世代の親のなかには、いつまでも結婚せずに家を出て行かない娘や息子を持った人たちや、子どもをふたりも三人も産んだのに、ひとりも孫の顔を見せてもらえないために「祖父母」になれない人たちがいるはずです。

……こんなはずではなかった。

それが団塊世代のホンネでしょう。ですが、団塊ジュニア世代の側でも、同じことを言いたい気分でしょう。

団塊世代にとっては、歴史は進歩しつづけ、暮らしはよくなりつづける、はずでした。団塊世代はその親の世代よりも、世代ぐるみ、学歴も生活水準も高くなりました。家庭電化製品はあってあたりまえ、高度成長期に所得も増えましたから、各種の「文明の利器」にも手が届くようになりました。学歴だってべつだんこの世代の能力が親の世代よりも高かったからではなく、世の中の趨勢が高等教育の大衆化へと向かっていたから。同世代の人口も多かったけれど、大学の間口が広くなったから、入りやすくなったにすぎません。団塊世代の親たちが、自分の子どもたちに自分たちよりも「よりよい生活」をのぞんだように、団塊世代も親になってからは、自分たちの子どもである団塊ジュニア世代に、自分たち以上に「よりよい生活」をのぞむのは自然なことでした。

ですが、世の中はそういう方向には進みませんでした。たしかに団塊ジュニア世代は団塊世代よりも学歴が上がっています。それというのも人口の半数近くが大学・短大に進学するようになったからで、かれらの能力が高くなったからではありません。それに対して増えた大学生の数に見合うだけの職を労働市場が用意していたかというと、そうはなりませんでした。子ども部屋にはエアコンもパソコンも設置されており、団塊世代が子どもだったころよりもはるかに快適な生活を送ることができるかもしれませんが、不安定な非正規就労しかない子どもたちは、親の家から出ていきたくても出ていけません。首都圏では親の家から世帯分離する条件は年収400万円以上と言われていますが、どのくらいの団塊ジュニアがそれだけの年収に達するでしょうか。娘たちも結婚願望を持っていても、相手の年収に600万円以上をのぞんでいるあいだは、いつまでたっても「出会い」はないでしょう。かといって稼ぎの悪い男と結婚して家を出て行けば、確実に親の家で自分が享受している生活水準より落ちる……結婚が今よりよくなる変化なら選択するが、そうでないなら親の家にいるほうがまし、ということになります。社会学者の山田昌弘さんは若者の非婚化を検証して、なぜ若者は結婚しないか?と問いを立て、なぜなら、と答を与えています(宮本みち子・岩上真珠・山田昌弘『未婚化社会の親子関係』有斐閣、一九九七年)。なぜなら……男にとっても女にとってもソンだから。男にとっては「カネの自由」を失い、女にとっては「時間の自由」を失うから、と。そういう子どもたちをパラサイトさせておくだけのゆとりが、団塊世代の親にはありました。

ですが、その親たちもやがて年をとります。定年を迎え、年金生活者になります。そのうち要介護にもなるでしょう。アラフォーになりつつある団塊ジュニアの子どもたちは、「結婚適齢期」を過ぎて、今度は「介護適齢期」を迎えつつあります。親がゆとりを失い、親というインフラを失ったら……団塊ジュニアたちは非正規就労のおひとりさまのまま、放り出されるでしょう。かれらには安定した仕事も収入もありません。したがって将来の年金も保障もありません。

個人史と社会史の交差

自分の子どもたちが、自分たちよりも貧しくなるかもしれない……こんなことを戦後の日本人は予想したでしょうか。歴史は必ずよくなるほうへと変化する（それを「進歩」とか「発展」と呼ぶのですけれど）と信じてきた人間にとっては、これは想定外の、受けいれられない事態にちがいありません。

それればかりか、高度成長期に青春時代を送った団塊世代には、「将来は今よりよくなる」

という根拠のない楽観が身に染みついています。世の中がますます便利に、快適に、豊かになってきた変化を体感しているからです。自分の生活もまた世の中の成長に合わせて改善されてきました。いわば個人の成長期と社会の成長期とが一致した幸運な世代ともいえます。

他方、思春期にバブルがはじけた団塊ジュニア世代は、それ以来ずっと長きにわたるデフレ不況を経験しています。かれらにとって「将来」とは「今より悪くなる未来」の別名になっていそうです。細胞のひとつひとつが目覚めていくような青春期を社会の停滞期に経験することは、情けないことにちがいありません。

おもしろいことに、団塊世代はかれらが身体化した根拠のない楽天性に加えて、今の豊かさが失われることへの不安も少ない、という結果が出ています。というのも、ないない尽くしのところから日本が這い上がってきた過去をおぼろげにでも知っているために、今味わっているものがなくなっても、「元に戻るだけ」という気分があるからです。それに対して、団塊ジュニアの世代は、豊かさのただ中に生まれ育ってきた世代。いまあるものはあってあたりまえ、なくなることなんて考えられないでしょう。携帯電話のない暮らしは考えられないし、パソコンなしでは生きられないでしょう。今の状態が変化することへのおそれや不安感は、団塊世代の親たちよりも強い傾向があります。それがかれらの守りの姿勢を生み、保守性のもとになっているのかもしれません。

団塊世代は、その個人史と社会史が幸運な一致を見た世代だとも言えます。自分たちの成長期が社会の成長期に重なり、自分たちの向老期が同じく社会の衰退期と重なる……日本社会が長い長い下り坂を味わう、死ぬに死ねない超高齢社会を迎えたときに、そのただなかでこれから「老い」を経験する世代だからです。逆に言えば、団塊世代が味わった日本の成長期とは、ほぼ1世代しか続かなかったということになります。

２０１０年、日本は人口減少社会に転じました。アメリカに次いで世界第2位だったGDPも、中国に追い抜かれて世界第3位になりました。これまで「追いつき、追い越せ」と息せききって走ってきた登り坂もここまで。これからは長い長いだらだらとした下り坂になります。そのお手本はありません。下り坂の降り方は、誰も教えてくれませんでした。

団塊世代は子育てに失敗したか？

自分たちがこれから生きる社会は、自分たちが育ってきた社会とはまったく違うと見極める必要があるでしょう。子どもたちを送りこんだ社会は、これまで自分たちが生きてきた社会とは違う社会だと認識しましょう。自分たちの世代の「常識」が、子どもたちの世代には通用しないとわきまえましょう。団塊世代を育てた親たちも、自分たちの「常識」が通用しない新しい社会へと、子どもたちを送り出したはずです。同じように、団塊ジュニアの子どもたちにも、自分たちの「常識」をおしつけることをせず、かれらがこれまで経験したことのない新しい状況に適応して生き抜けるように、かれらを自由にして、力をつけてやりましょう。

17章で、わたしは団塊世代は親から正の贈与も負の贈与も受けなかった、と言いました。高度成長期の直前まで、日本の農家世帯率は50％を超えていました。農業人口は3割台でしたが、農地を持っている兼業農家が多かったからです。わたしが学生のころも、実家から米を送ってもらっていた学友は多かったものです。そのほかにも商工自営の家庭が多く、給与生活者は少数派でした。農家や自営業の親たちは、息子にはサラリーマンになることを、娘にはサラリーマンの妻になることをのぞみました。自分と同じような人生を送ってほしい、とは思わなかったのです。だからこそ、多くは次男坊、三男坊の団塊世代の息子たちは、親元を離れて都会に移動し、そこで結婚し、家族をつくりました。営々と働き続けて、一生を抵当に入れてローンを組み、親から受け継いだわけではない資産も形成しました。自分が住めるだけの1軒の家でしたが、誰からも出て行けといわれずにすむ空間でした。

それがささやかな「成功体験」であったとしても、同じことを子どもたちに要求する権利は親にはありません。逆に、子どもたちの側にも、親と同じ暮らし向きを期待する資格はありません。なぜなら、生きている時代背景がおそろしく違うからです。

そう思っていたところへ、びっくりするような経験をしました。新進気鋭の若き社会学者、古市憲寿くんと対談したときのことです（『上野先生、勝手に死なれちゃ困ります』光文社新書、二〇一〇年）。対談当時かれは23歳、わたしは63歳。かれの父親は63歳、母親が61歳という団塊世代どまんなか。かれ自身は団塊ジュニアよりは遅く生まれていますが、団塊世代の両親が育てた子どもでした。そのかれが、対談のなかで「親より先に、親に看とられて死にたい」と言ったのです。開いた口がふさがりませんでした。

親が子より先に死ぬのは生まれた順番どおり。それどころか「親より先に死なないのが子のつとめ」、親に先立つ不孝ほどとりかえしのつかないものはなく、子に先立たれる逆縁ほど深い親の哀しみはないと考えられてきました。「親より先に死にたい」としれっという古市くんのココロは、「子どものまんま一生を終えたい」というものでしょう。言いかえれば、親と子の庇護し庇護される力関係を変えないまま、親には終生庇護者でいてもらいたい、という、まあ、何という虫のよい、甘えた発言か、と絶句したものです。

とはいえ、アラフォーおひとりさまのアイコンのひとり、香山リカさんが、『老後が怖い』（講談社現代新書、二〇〇六年）のなかで、「親に死なれるのを想像するだけで怖い」と発言し、同世代の読者の多くがそれに共感しているところを見ると、親に一生庇護者のままでいてほしいというこの世代以降の子どもの側の希望には、一般性があるのかもしれません。その背後には、子どもを抑圧することなく、ものわかりのよくなった、物心共に寛大な、ゆとりのある親世代がいることでしょうが。

わたしたち団塊世代の親たちは、こんな子どもを育てたのか……とわたしは呆然としました。その後、同世代の坂東眞理子さんと対談したとき（『女は後半からがおもしろい』潮出版、二〇一〇年）、「負け犬」のわたしは「勝ち犬」の坂東さんに子育てについてお伺いしました。坂東家は小さいときから子どもたちに小遣いを与えるときも働くことを条件にし、食事中には携帯電話に出ることを禁じるしつけのきびしい家庭だということを、わたしは坂東さんがお書きになった別の本で知っていました。そしてそういうしつけが、同世代の親のあいだではレアケースであることも。

「坂東さん、わたしたち団塊世代の親は、子育てに失敗したとしか思えないんですけれど、どうしてなんでしょうねえ」

とたずねたわたしに、返ってきた彼女の答はこうでした。

「それは、団塊世代の親が、子どもたちには魚の釣り方を教えなければならないのに、釣った魚を与えつづけてきたからでしょう」

至言です。団塊世代は自分の親からは正の贈与も負の贈与も受けなかったのに、自分が親になったら、子どもたちには正の贈与を与えつづけてきたのです。

「売り家」と唐様で書く三代目

という川柳があります。戦後世代一代目は空襲や引き揚げですってんてんから出発しました。二代目である団塊世代は、時代の上げ潮に乗ってラクはしたけれど、一代目の苦労を見て知っています。ないない尽くしの時代も覚えています。ですが三代目を育てるときに自分がそうはしてもらえなかった豊かさを与え続けることで、子どもたちをスポイルしました。「唐様」とは気のきいた書の様式のひとつ。その程度には教養を身につけた三代目は、勝手気ままに親の身代を食いつぶして、ついに一代目、二代目がつくりあげた資産を手放すに至るという状況を皮肉ったものです。三代目で元の木阿弥という短命な資産サイクルは、蓄積と無縁な「成り上がり」の特徴でもあります。

世代間贈与……正の贈与と負の贈与

世代間贈与には、公的贈与と私的贈与があります。日本の戦後世代は、子どもの世代に、自分たちは多大な犠牲を払って「私的贈与」を与えつづけてきました。日本における高等教育の大衆化は、そのほとんどが官学ではなく私学の拡充によって担われ、その私学へと進学する子どもたちの世代の高学歴化は、その多くが親の私的負担によるものでした。ですから団塊ジュニアが親からの贈与を受けていないというのは端的にまちがっています。また親のつくりあげた資産は、そのまた親から贈与されたものではなく、団塊世代が一代でつくりあげた資産ですから、それに対して子世代が権利を主張するいわれはありません。

公的贈与はどうでしょうか。日本の社会保障の費用負担は高齢者に手厚く、若者と子育て世代に冷淡だと言われています。ですが、年金も介護保険も、もともと保険料を支払った者たちだけが受けとることのできる権利です。年金権を獲得するために営々と25年以上（国民年金の受給資格は40年以上）の長きにわたって年金保険料を支払いつづけてきた人たちが、高齢になってから年金を受給する権利を得たからといって、「年金食い逃げ」と非難される理由はまったくありません。それどころか戦後日本は保守党政権のもとでも、年金・社会保険制度を整備してきたからこそ、子どもたちの世代は親を扶養せずにすんでいるのです。

もちろん今の日本に問題がないというわけではありません。ですが、ようやくこうやって超高齢社会の安心のためのあの手この手をここ数十年間にわたって年長の世代がつくりだしてきたとしたら、子どもたちの世代にも、自分たちの安心・安全を自分たちの手でつくりだしてもらいましょう。団塊世代とそのジュニアとのあいだにいたずらに「世代間対立」をあおるよりも、もっと堅実に事実を見つめて、やらなければならないことはたくさんあります。そのためにわたしは辻元清美さんと共著で『世代間連帯』（岩波新書、二〇〇九年）を書きました。そこには持続可能な社会をつくるための処方箋のいろいろが、たくさん提示してあります。

答はないわけではない、ただ、それを選択しない／できないことが問題なのです。少なくとも国民年金の制度は崩壊させないこと。そして健康保険と介護保険とを後退させないこと。このふたつをクルマの両輪として、安心・安全な社会をつくること。いつだれが弱者になるかわからない社会で、安心して弱者になれる社会をつくること。そのために国民連帯率をあげること。ＯＥＣＤ諸国のなかでも日本はアメリカに次いで「国民負担率」の低い社会と言われています。大熊由紀さんは、「負担率」じゃない、「連帯率」と呼び代えようと提案しています。まったく、そのとおり。よゆうのある人たちからよゆうのない人たちへの再分配は、「連帯」のあかしです。逆にアメリカは国際的にも「国民連帯率」の低い社会、国民が富や人種で分断されているために「連帯」すら成り立たない社会なのです。

国民連帯のなかには、水平的な世代内連帯と時間変数を入れた世代間連帯とがあります。年金と医療保険の再分配をめぐって世代間不公平が問題になっていますが、もっと大きな問題は、まだ生まれていないために発言権すらない将来世代にツケ（負の贈与）を残すかどうかです。バブル景気がはじけてからのデフレの20年間に、公共事業依存型の財政出動を垂れ流しつづけてきたために、今やＧＤＰの三倍以上の借金をこしらえてしまった国際的にも最悪の財政状態にある日本の社会で、団塊世代は、将来世代から「こんな社会にだれがした？」と詰め寄られる立場にあります。アラフォーになりつつある団塊ジュニアも、そのあいだの政治的無関心も含めて、責任を問われることからは逃がれられません。

それがどんなに困った現実でも、逃げも隠れもしないでそれを直視し、それに対処する「当事者」になってもらいましょう。子どもたちの世代、そればかりか孫やひ孫の世代に、原発事故による放射能汚染という長期にわたる負債を背負わせてしまったわたしたちは、原発については「絶対安全神話」を信じて、困ったことは見たくない、聞きたくない、考えたくないと「当事者」になってこなかったことを骨身に沁みて後悔しました。同じことを子どもたちの世代にくりかえしてもらいたくありません。

そのための条件は、子どもたちの世代に自分の運命を自分で支配する自己統治権を持ってもらうこと。これを「主権」ともいいます。主権とは自分の人生の主役になることです。これを「当事者主権」と呼びます（中西正司・上野千鶴子『当事者主権』岩波新書、二〇〇三年）。あなたが親だったら、自分の支配やコントロールから、子どもの人生を自由にしてあげましょう。子どもたちに「親バナレ」し、「自立」してもらわなければなりません。そのためにはあなた自身が子離れし、自立していることが必要です。そう、何よりもあなた自身が自分の人生の当事者になってもらわなければ、子どもにもそうさせてあげることはできません。

子どもに老後の世話を期待して子どもの人生を搾取することはやめましょう。子どもの側でも、「親のため」という美名のもとに、親の顔色を見ながら、親の資産をあてにするのはやめましょう。親が自立して生きるのは、何より子ども自身の人生の安心・安全のためなのですし、老後になって自分が弱者になったときに保障のない社会では、若者が安心して働き続けることもできないというものです。

そう考えてわたしは『おひとりさまの老後』（法研、二〇〇六年）を書きました。高齢者の自立は若者の自由のためだ、ということが理解していただけたでしょうか、東浩紀さん？

「そこそこほどほどの国」

今から10年前、大塚英志さんの主導で、雑誌『中央公論』が「私たちのつくる憲法前文」（中央公論社、二〇〇二年）という公募企画を立てました。当時「押しつけ憲法」を自主憲法に改正せよという声がかまびすしい中で、それならいっそ日本国民誰もが参加できる「憲法改正」案を考えようじゃないかという、オープンで民主的な企画でした。明治時代だって自由民権運動のなかで「憲法草案」がさまざまな人たちの手によってつくられたのですから、憲法を金科玉条のように変えられないものと見なすかわりに、国民参加でつくりかえようというもの。なかでも「憲法前文」は、憲法の理念を唱えるマニフェストとも言うべきものです。その「公募」案に、全国からたくさんの人たちが応募したなかに「17歳、女子高生」の応募がありました。わたしは大塚さんに頼まれて審査委員を引き受けたのですけれど、その時「優秀賞」に推したのが、福岡亜矢子さんという女子生徒の次の作品でした。

まったくもってタイシタコトのない
世界的にみてソコソコの国がいい・・・
世界なんていう単位で
立派で一番!になる必要はあるのか。
私たちから見て一番幸せになれる国
そうなる必要は大いに
有。

十代の女の子のビジョンがこんなにも「夢がなくていいのか」と感じるひともいるかもしれません。ですが、生まれてからこのかた、デフレスパイラルのなかで育ってきた若者のリアルな感覚に、わたしは胸を打たれました。

10年前に17歳だったこの少女は、いま27歳になっているはずです。彼女は古市くんと同い年。今頃、どこでどうしているのでしょうか。

こういう若者たちに、自分で自分の運命を切りひらいていってもらいたいと思います。そしてわたしたちは、かれら／彼女らの邪魔をしないようにしましょう。わたしたちはわたしたちで、人類がこれまで経験したことのない未曾有の超高齢社会をどう生きるかという課題にとりくむために、日々いそがしいのですから。

あとがき

本書の編集者、辻さんとは彼がＮＨＫ出版に勤めていた頃からの長いおつきあいでした。にもかかわらず、ご一緒に仕事することはめったにありませんでした。退職後、青灯社という小さな出版社を立ち上げて、わたしに本を出さないかとご提案くださいました。もとより活字文化のなかで育ち、その中でしごとをしてきた身としては、零細な出版社の志を応援したい気持ちはやまやまでした。とはいえ、書き下ろしはとうてい無理なので、手持ちの材料をおわたししたら、出てきたのが本書のアイディアでした。リストを見てびっくりしました。あぶなくておいしいメニューが品揃えしてあったからです。

冒頭のⅠ部、「私」を語る、の聴き手は日本でもっとも優秀なルポライターのひとり、島﨑今日子さんです。思い返せば、２、３年に一度のペースで、『婦人公論』のインタビューを受けてきました。テーマはそのときどきに変わりますが、結局そのつど、自分の足跡を「私」語りする結果になりました。ひとつは島﨑さんが古い友人でつい警戒心を解いてしまったことと、ふたつめは、やはり彼女が稀代の聴き手として、相手にあらら、とふだん語らないことまで言わせるワザの持ち主だからです。というわけで、つい無防備に「私」を語ってしまった結果がこれです。わたしの肉声が聞こえるようで、キャラが立ち上がる感触があります。しゃべったのはわたしですが、まとめたのはもちろん島崎さんの功績です。収録を許可して下さった島崎さんご本人と『婦人公論』にお礼を申し上げます。

Ⅱ部は講演録で『おひとりさまの老後』（法研、二〇〇六年）『男おひとりさま道』（法研、二〇〇九年）のその後、が語られています。

Ⅲ部では文体が変わりますが、みんな「おひとりさま」時代の社会的背景がどんなものか、いろんなところに書いたものを集めました。

おどろいたのが、Ⅳ部の「セックス」談義に辻さんが目をつけたことでした。わたしの前著『おひとりさまの老後』『男おひとりさま道』は、下半身の話題は極力抑えて「品よく」書きました。いうまでもなく「高齢者のセックス」は重要な課題ですから、いつかはそれに取り組みたいと思っています。その後、アラフォーおひとりさま向けの雑誌をつくらないかとオファーを受け、文春から臨時増刊号『おひとりさまマガジン』（二〇〇八年一一月号、文藝春秋）を出しました。アラフォーおひとりさまを論じるのに、セックスを素通りするわけにはいきません。その当時出たばかりのかっこうの調査結果がありました。産婦人科医、大川玲子さんたちのグループによる「シングルの性」の調査データ（日本性科学会・セクシュアリティ研究会編著『カラダと気持ち―シングル版』三五館、二〇〇七年）です。あまりにおもしろくて大川先生に対談を申し込みましたら快く応じて下さいました。文中引用したように、貴重なデータを転載することにも同意してくださいました。「おひとりさまのセックス」のほうが、「既婚者のセックス」よりクオリティが高い、とこんなふうにデータをもとに示されるとぎょっとするでしょう？

もともと下ネタ話はキライじゃありません。北原みのりさんというこれまたぶっとんだおもしろいオネエさんが、『アンアンのセックスできれいになれた？』（朝日新聞出版、二〇一一年）という本を出しました。タイトルはなんだかふざけていますが、１９７０年の創刊以来およそ40年間にわたる雑誌『ａｎａｎ』のセックス特集を時代を追って検討した、とっても社会学的！と言ってよい労作です。これまでの40年間の日本女性のセックスに対する態度の変化を、『ａｎａｎ』という1雑誌を手がかりに回顧した、興味深い対談になりました。どちらの対談もあまり人が読まない媒体に発表されたものです。それを辻さんはじょうずに拾ってきたのです。

最後のV部は団塊世代特集。わたしは48年生まれ、団塊世代のどまんなかです。ひとは時代を超えることができません。ですが、自分の生きてきた時代をこうやってふりかえってみると、個人史と社会史が出会う実感を味わうことができます。団塊世代はもはや定年を迎えて引退に入っています。「高齢者」カテゴリーにはいるにはまだちょっと早いけれど、もう人生をやりなおすことはのぞめない年齢になりました。それどころか、後続の世代から、「こんな世の中に誰がした?!」と詰め寄られてさえいます。これだけ生きてくれば、もう言い訳無用、自分の人生にも、自分が生きてきた社会にも、責任をとらないわけにいきません。若い世代から「団塊世代批判」を受けて、反論したのがこの部分です。わたしを「その気」にさせた批判者は東浩紀さん、反論を言わせてくれた聴き手は北田暁大さん、ともに1971年生まれの団塊ジュニア世代のすぐれた研究者です。これも『思想地図』（2号、NHK出版、二〇〇八年）というあまり知られていない媒体に掲載されました。それだけではあまりに尻切れとんぼに聞こえるので、書き下ろしを追加しました。わたしはついに子どもを産まないおひとりさまだったけれど、だからと言って将来世代に責任がないとはいえないからです。

というわけで、本書はもともとあまり人目に触れない媒体でしゃべったり書いたりしたことのなかから、辻さんがおいしいネタばかり集めてくださったものです。辻さん、ありがとう。装幀は鈴木成一さんが引き受けて下さいました。『スカートの下の劇場』（河出書房新社、一九八九年／河出文庫、一九九二年）以来の長いおつきあいです。芸域の広さで、今度はどんなかな?とたのしませて下さいます。今回も、ありがとう。

夏の終わりに

上野千鶴子

初出一覧

1 **「女の成熟」って** 「辿りついた境地は「そのまんまでＯＫよ」 どう生きたか、その評価を他人に委ねてはいけない」構成：島﨑今日子『婦人公論』２００７年11月７日 中央公論新社

2 **「女遊び」のたのしみ** 「私が「女遊び」に目覚めた季節」構成：島﨑今日子『婦人公論』２００２年９月22日 中央公論新社

3 **女の友情** 「人生の一大事に直面するとき友だちの〝在庫〟が量れます」構成：島﨑今日子『婦人公論』２０１１年５月７日 中央公論新社

4 **遠距離介護の経験** 「シングル・遠距離で、親の最後に向き合った手応え」構成：島﨑今日子『婦人公論』２００５年11月22日 中央公論新社

5 **アラフォーおひとりさまへ** 「覚悟のないアラフォー世代に喝 今からでも遅くはない、自分の収入を確保しよう」構成：島﨑今日子『婦人公論』２００９年５月22日 中央公論新社

6 **向老学のススメ** 「向老学のススメ」『学士会会報』２００９年１月 学士会

7 **「男おひとりさま」** 「「男おひとりさま」幸せに暮らせる人、暮らせない人」『週刊現代』２００９年11月14日 講談社

8 **お墓はいらない私が願うこと** 「お墓はいらない私が願うこと」『望星』２０１０年８月 東海教育研究所

9 **ひとり旅のススメ** 「旅は人の記憶」『まほら』２００７年10月 旅の文化研究所

10 **シングルはモラトリアムか？** 「シングルはモラトリアムか？」『現代のエスプリ』２００５年11月

ぎょうせい

11 **女はあなたを看取らない**　「女はあなたを看取らない」『中央公論』２００７年11月　中央公論新社

12 **「みんなおひとりさま」時代の社会の設計**　「「みんなシングル」時代の社会の設計」『ｍｙｂ』２００５年5月　みやび出版

13 **「おひとりさま」が「安心して死ねる介護サービス施設」の探し方**　「「おひとりさま」が「安心して死ねる介護サービス施設」の探し方」『ＳＡＰＩＯ』２０１０年10月11日　小学館

14 **この40年間で女のセックスは変貌を遂げたか?**　「この四〇年間で女のセックスは変貌を遂げたか?」『ｋｏｔｏｂａ』２０１２年冬　集英社

15 **シングルの特権！　選べるセックス**　「シングルの特権！　選べるセックス」『文藝春秋』２００８年12月臨時増刊　文藝春秋

16 **団塊世代の女性、これまでとこれから**　「団塊世代の女性　これまでとこれから」『ｍｙｂ』２０１０年夏　みやび出版

17 **世代間対立という罠**　「世代間対立という罠」構成：斎藤哲也『思想地図』ｖｏｌ.２　２００８年12月　ＮＨＫ出版

上野千鶴子（うえの・ちづこ）　一九四八年富山県生まれ。京都大学大学院社会学博士課程修了。東京大学大学院教授をへて、現在、東京大学名誉教授、立命館大学先端総合学術研究科特別招聘教授、ウィメンズ アクション ネットワーク（WAN）理事長。二〇一一年度朝日賞受賞。著書『セクシィ・ギャルの大研究』『近代家族の成立と終焉』（サントリー学芸賞受賞）『家父長制と資本制』『「女縁」を生きた女たち』（以上、岩波現代文庫）『スカートの下の劇場』（河出書房新社）『ナショナリズムとジェンダー』（青土社）『おひとりさまの老後』『男おひとりさま道』（以上、法研）『ひとりの午後に』（NHK出版）『女ぎらい』（紀伊國屋書店）『ケアの社会学』（太田出版）ほか多数。

みんな「おひとりさま」

2012年10月30日　第1刷発行
2012年11月25日　第2刷発行

著者　上野千鶴子

発行者　辻一三

発行所　株式会社青灯社
東京都新宿区新宿 1－4－13
郵便番号 160－0022
電話 03－5368－6923（編集）
03－5368－6550（販売）
URL http://www.seitosha-p.co.jp
振替　00120－8－260856

印刷・製本　株式会社シナノ

Printed in Japan
ISBN978－4－86228－061－9 C0036

小社ロゴは、田中恭吉「ろうそく」（和歌山県立近代美術館所蔵）をもとに、菊地信義氏が作成